Pecunia non olet

在家工作WFH必備的100個技巧

Kevin Rizer
凱文・瑞澤／著
費克森／譯

Always Wear Pants

And 99 Other Tips for Surviving and Thriving While You Work from Home

各界讚譽

「你可能認為這本書的內容只是關於在家工作。其實遠不止如此。書中包含在一個新世界的工作場所該如何展現靈活性，藉以獲得健康、快樂、專業和成功。這是每個正在努力建立工作原則、積極向上的團隊與組織的必讀書目。我喜歡書中的所有建議！」

——約翰．羅斯曼（John Rossman）

《亞馬遜管理聖經》（*The Amazon Way: Amazon's 14 Leadership Principles*）的作者，商業顧問公司 Rossman Partners 的管理合夥人。

「凱文是電子商務和遠端工作領域的先驅者。他慷慨地分享了他實用而深刻的智慧給所有學習在家工作的人。這本書將幫助你處理所有家庭和技術方面的干擾，以及分析商業和個人領域之間的模糊界限。我的會計公司 Bookskeep 有一個全職的遠端團隊，我們的新員工正為《在家工作WFH必備的一〇〇個技巧》所討論的話題而苦惱。這本書將成為我們今後歡迎新員工的工具之一。簡潔有力的章節和一針見血的建議，使這本書成為遠端工作領域裡忙碌的老手，和不知道從何著手的新手的必讀之作。」

——辛蒂・湯普遜（Cyndi Thomason）

暢銷書《電商賣家利潤優先》（*Profit First for E-commerce Sellers*）作者，會計公司 Bookskeep 執行長。

「凱文・瑞澤的書是當代生活的神奇手冊。提醒我們那些自認了解透徹但卻遺漏的常識。書中充滿不尋常的智慧，對所有在家謀生的人都有極大幫助。無論你是向老闆彙報工作還是控制自己的時間表，我都建議你閱讀《在家工作WFH必備的一〇〇個技巧》。本書將幫助你最大限度地利用你的時間、生產力，以及該如何面對遠端工作的問題。」

——安東尼・李（Anthony Lee）

國際知名電子商務作家和演說家

獻給艾米

一個男孩所能要求的最好的在家工作的伴侶

二〇〇六—二〇一九

01 「心態」決定你的成果

02 如何在家裡打造一個「辦公室」？

03 確保生產力！即使床就在你身邊

04 為什麼你要工作？

05 可能會想念辦公室的討厭鬼

06 你還應該做什麼？

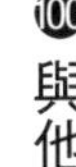

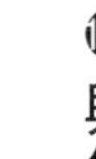
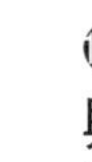

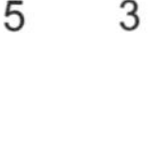

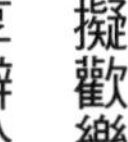
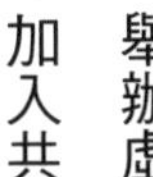

寫在之前

那是二〇二一年一月，有家公司想雇用我，他們願意給我雙倍薪資，而且我可以在家工作——我以為自己中了樂透。隨即，我的腦海中浮現各種可能性：穿著內衣完成大宗交易、躺在沙發上完成行銷計畫、一邊參加電話會議，一邊觀賞靜音播放著我最喜歡節目的電視。

「這實在太棒了！」我這麼想。

這也的確很棒——直到不再如此。

在家工作是現代社會最幸福的事之一，同時也是最大的潛在隱患。更加靈活、舒適和方便的承諾，可能會被不斷的分心和爭奪我們注意力的利益所打斷。在我十年的遠端工作中，我經歷過這兩種情況。

當一場大流行病在二〇二〇年襲擊世界時，我立即想到所有第一次在家工作的人。我在社群媒體上看到在家工作者的有趣發文，我也接到幾個朋友的電話，他們知道我已經在家工作十年了，希望能從我這裡得到一些建議和親身經歷分享。

我希望這本書能協助大家認知，在家工作可以是你所得到的最大幸運，我也希望你能從我的錯處和失誤中學習。並把這些經驗當作未來藍圖或指南。經過無數實驗和失敗，我找到許多有效的方法，我很高興能與大家分享，一起探討在家工作時創造夢想生活的六個關鍵。

①心態

②環境

③生產力

④目的

⑤社群與聯繫

⑥行動

也許你已經在家工作一段時間，並且已經被擊倒了，或者你是遠端工作的新手，想確保開始時萬事俱備。

無論哪種情況，我相信你都可以採用這些技巧，並將之應用於你的情境，方便你更順利完成更多的工作，並充分利用在家工作的好處。

心態決定你的成果

「心態」是本書最重要的部分，因為心態同樣也是生活中最重要的部分。詢問專業運動員、思想領袖或商業總裁，他們會告訴你相同的答案。心態就是一切。我們必須擁有正確的心態，否則其他都不重要。你可以擁有最好的辦公室設備、最新的小工具、以及世界上所有的生產力技巧和竅門，但這些都不重要。正確的心態才能夠為一切奠定基礎。

在這一節中，要正確調適我們的心態。

準備好了嗎？讓我們開始吧！

技巧❶ 記得穿褲子

我們都聽過這樣的故事，或是看過一、兩個類似影片：一個人正在與他的同事進行重要的線上會議，突然間門鈴響了，或是狗開始在地毯上撒尿。他對他的同事和經理們說：「馬上回來！」然後跳起來處理突發事件，而他卻沒有穿褲子。

想像一下，你是這傢伙，穿著你媽媽買給你的舊平口褲站在走廊裡。你會怎麼做？

你會回到會議中，裝作什麼都沒發生？開個玩笑？或者應該羞愧地爬到桌子底下，拔掉無線網路路由器的電源，這樣就可以結束會議，之後再來面對嘲笑與斥責？

無論你的答案是什麼，首先不要成為他（或她）。

記得穿褲子。

但你可能會問，我應該穿什麼類型的褲子？好吧，我將為理想的在家工作裝扮提出不同的意見和選擇，但最終，決定權在你。無論你是想穿高級西裝褲，還是選擇休閒衝浪短褲或舒適運動褲，如果你不打算遵循本書中的其他建議，那至少做好這件事——我的第一個建議——永遠記得穿褲子。

進階建議

在辦公室裡準備一套換洗衣物，這樣在你需要與老闆進行突發視訊會議時，可以快速換上合適的服裝。

技巧❷ 像去辦公室一樣準備好

穿好衣服，吃好早餐，沖個澡。穿運動褲也行嗎？

多年來，在家工作的專業人員一直在使用、最古老的技巧之一：事前準備工作，就像你真的離開住處，去辦公室上班一樣。

讓我們換個說法。

如果你在一個典型的辦公室工作，你不會想遲到二十分鐘，穿著內褲從電梯裡跌跌撞撞地衝出來。你也不會三天不洗澡，或三個月不刮鬍子，或不打理你的外表。而且你在上班途中，肯定不會錯過去你最喜歡的咖啡店裡喝杯咖啡吃點麵包。那麼，為什麼在家裡工作的時候卻要這樣做呢？

請記住，儘管你沒有離開家，但你實際上仍在走向你的社群，你的工作也在走向世界。

也許遵循此一建議的最佳理由是：這項建議影響到你對自己和你所從事工作的感覺。

問問任何在家工作的專業人士，許多人會告訴你這是他們發現影響力最大的習慣。在正常和穩定的時間起床，沖個澡，保持常規，就像你離開家一樣。試著做幾天，我想你會同意的。

技巧3 為成功著裝

你目前在家工作的衣櫃點出了什麼問題？

你的穿著會指出許多問題。

當你在家工作時，很容易落入對穿著不屑一顧的陷阱。我也有過這樣的經歷。舒適的運動褲，連帽衫，以及人類已知最可笑的配件——毛茸茸拖鞋。這有罪嗎？沒關係，大多數人都是一樣的。你的衣櫃內容固然很舒適，但並不表示它適合工作。我鼓勵你在進入家庭辦公室時重新考慮著裝。當然，比起傳統辦公室環境，你可以更隨意一些，這完全沒問題。但也許可以改用牛仔褲代替休閒褲，用扣領襯衫（button-down shirt）代替領帶——不至於把所有的時尚觀念拋出窗外。你的穿著取決於你的工作類型、是否有人會看到你、現在是什麼時節、也許還有你居住的地方和氣候。

我每天都會努力思考我將要做的工作。是計算數字還是發揮創造力？有任何視訊會議嗎？是否期望在工作結束後與朋友敘舊，享受虛擬的快樂時光？我因應這些需求調整衣著。如果我有會議或正在進行提案的工作，我會穿著商務休閒裝、對我來說就是好看的牛仔褲搭配扣領襯衫，或是馬球式襯衫，甚至是件漂亮的純色T恤。另一方面，如果我正在為新產品的發佈計畫進行腦力激盪，或者處理更多創造性工作，那麼一條舒適的運動褲就是最佳選擇。

關鍵在於，有意識地考慮你的穿著所帶來的感覺，以及在工作中想得到的結果。我的第一個老闆曾經說過：「為你想要的工作而穿，而不是為你擁有的工作而穿。」這個建議對我的生活大有幫助，即使是在除了我之外沒有人看到我穿什麼的日子裡，我也一直將這段話奉若圭臬。

技巧4 星期一早晨的感覺

你現在的星期一早上的感覺是什麼？

你需要知道的一切，星期一的早晨都會告訴你。

當你聽到「星期一早晨的感覺」時，你會想到什麼？恐懼、不滿、害怕和懷疑？如果你害怕星期一的早晨，那你就和我一樣，英雄所見略同。

星期一早上永遠沒有足夠時間讓鬧鐘打瞌睡。你知道需要立刻從床上滾下來開始工作，但你總會找到各種藉口拖延，哪怕一點點也好。無論是因為不受期待的工作，還是那場與你討厭卻不得不忍受的人的會議，星期一早上都有一種傾向：背負著世界的重量。

現在我希望你試著回想一下，情況還未如此糟糕的時期。你還記得你上某年級的第一天早晨嗎？或者小時候的重要遊戲或事件？聖誕節或生日呢？你期待的新工作的第一天又如何？那些星期一早晨的感覺是相當不同的，對嗎？

我把「星期一早上的感覺」作為一個晴雨錶。當我期待星期一的早晨，甚至可能在週日晚上偷看我的電子郵件時，這是件好事！當我在沒有鬧鐘的幫助下早早起床，並迫不及待地開始工作，這是個很好的跡象，因為所有的樂趣都在等著我，說明我已經走上了正軌。當我開始害怕星期一的早晨時，這就是紅牌警告，需要停下來關注和重視。偶爾有一、兩個奇怪的星期一早晨是一回事。但如果沉重的星期一早晨變成常態反覆持續，可能代表著我已經偏離軌道，需要修正。現在，靜下來想想，你對下星期一有什麼感覺？

進階建議

有些路線修正是小事，例如更好地照顧自己，與治療師或值得信賴的朋友交談。其他方面的可能是更具體的，例如意識到是時候改變工作或職業，或解決一段不健康的關係。

技巧5 觀察休閒星期五

休閒星期五對你來說是什麼樣子的？

將歡樂融入你的工作中，使它變成一種習慣與傳統，可以保持工作的趣味性。

我一直很喜歡休閒星期五。當我在電視台工作時，每當星期五來臨，也許用高爾夫衫代替襯衫和領帶，也許換上休閒褲，總之，大家都會穿得很隨興。

直播室的工作人員會穿上支持球隊的襯衫或球衣，而這往往引起一些競爭性對話和輕微垃圾話，甚至連播音員也會參與其中。如果你往桌子下面看，可能還會看到短褲和拖鞋，這與你在電視上看到主播衣冠楚楚的外表形成鮮明對比。

但休閒星期五不僅僅是穿一些，嗯，更休閒的衣飾。**休閒星期五是關乎你的心態，你的態度，你的感覺。**

休閒星期五通常被用來慶祝當週取得的所有成就，也是對人格特質的犒賞。這是個讓你放鬆的機會，不要把自己或其他人看得那麼嚴肅。與同事進行一場友好的競爭，或與同樣在家工作的朋友或配偶來個超長的午休，如何？

我鼓勵你接受休閒星期五或其他有趣的傳統，為單調的工作週來點突破。如果你的一週在星期天結束，那就發揮你的創造力——運動褲週日聽起來不錯。

技巧6 不要孤立無援

在家工作時很容易被孤立，這會使你感到乏味，失去成就感。

想一想你經歷過的孤立或孤獨的時間。它對你生活其他方面產生什麼影響？

這個建議有點諷刺，我在寫這篇文章時正處於全球大流行病中，我們置身全球隔離的日子已經過了十個月。在某種程度上，這也是一種完美。

今天，從身體的角度來看，隔離自己比以往任何時候都要容易，但如果走到極端，也會讓人失去動力。

在家工作，即使沒有人在你的房子裡生活或工作，也可以是很好的！但也可能是孤獨

的，非常孤獨。

當我第一次開始在家工作時，我非常喜歡連續幾天沒有看到其他人的生活。但這種感覺很快就消失了。所以我有時會去咖啡店工作幾個小時，只是為了看到除了自己以外的人，和對方進行真正的對話，即使是和咖啡師也好。如果你努力與他人聯繫，即使只是虛擬的，你也會擁有更有成效、更積極、更充實的生活。

這裡有一些打破孤立的方法：

- 如果可以，離開房子，每週與工作中的同伴、同事或朋友安排一次或兩次咖啡約會。
- 在週末時舉辦歡樂時光活動。
- 如果你覺得自己適合，也可以報名網路的繪畫班、詩歌朗誦會或即興表演。
- 與老朋友用電話聊聊，或者每月通過視訊電話多多聯繫，這樣更好。

我建立的最重要聯繫成果是MMG（Master Mind Group，與自我開發與事業發展有關的社群）。試著找一些你的專業領域——最好是你公司以外的人——每週或每月與他們聯繫一次，花一個小時分享，一起合作思考如何解決問題，促進彼此的成功。

進階建議

開一場兩個小時的「完成任務」虛擬會議，能讓同事緊密連結，一起坐在Zoom的虛擬會議室裡工作，能夠大幅提升生產力和提振士氣。

技巧7 擁有例行程序

例行程序可以搞定工作流程，並改善情緒。你的工作流程會指出什麼問題？

當你在家工作時，可以試著將你的工作流程與你的家庭常規融合，無論是在工作前、工作後或是一整天都行。舉個例子：與家人一起吃午餐如何？

但確實在家工作時，容易有大量干擾因素，造成任何任務脫軌並使你退步。例行流程這項祕密武器將確保最重要的工作順利完成。畢竟，在社群媒體上浪費一個小時不應該是例行公事。但是，在結束一天的工作之前，花時間清理你的收件匣則是很好的流程。

你喜歡在早上先做什麼？檢查電子郵件？聽取和回覆語音留言？計畫下個月的銷售會

議？更進一步問，你每天檢查多少次電子郵件？你是成天盯著收件匣，還是每天只檢查和回覆幾次訊息？

每個人的情況都不同，所以不可能有一個放諸四海皆準的方法。花點時間思考你獨特的工作模式、個人習慣，以及什麼能讓你的工作效率最高。建立起一個對你最有意義的例行流程並堅持下去，因為專家說需要連續兩個月（整整六十天）做同一件事，才能使它成為習慣。

進階建議

我建議在午餐前努力並嘗試完成你最重要的任務。這樣一來，無論下午發生什麼，都影響不了已經完成的要事。這種感覺真的很好。

技巧8

還是得要「上班」與「下班」

固定的開始和結束時間可以讓你的一天在流程上更加完整。

你的工作日有固定的開始和結束時間嗎？你的「辦公時間」是什麼時段？

有一天，我正在和會計談話。她發了一封電子郵件給我，我在五分鐘內回覆她，請她抽空打電話聯絡我。我一按發送鍵，電話就響起了。她說：「我知道我必須在你記憶猶新時逮住你！」

她知道現在是我的「工作時間」，我的注意力會集中在工作上而非其他，所以我現在可以立刻接電話，但也許晚點就不行了。

固定的時間表可以是根救命稻草。這有兩個明顯的好處：其一，你的身體會適應規律，其二，其他人會了解何時可以聯繫你。

特別是在家工作時，會有很多來回溝通的空檔，以及大量且必須的等待。

如果你因為時差而在一天中的不同時段工作，任務安排就會變得特別困難。工作日有個正式的開始和結束時間，可以幫助你和那些與你一起工作或生活的人知道如何預先準備，並作出相應計畫。

如果你可以靈活地設計自己的時間表，那就好好利用吧！也許在不同的日子裡安排不同的工作時段、也許你在不同的日子裡可以有不同的工作時長，能夠為足球訓練、或備餐、或任何生活中的事情騰出時間。

花點時間設計時間表，而不是像無頭蒼蠅一樣的胡亂忙碌。這將有助於保持工作與生活有條不紊。

最後，有固定的工作開始和結束時間將使你更有效率。制定時間表、設計你的最佳工作日，消除重複性的工作等等。當你有固定的開始和結束時間時，這些事情就容易多了。作為額外的獎勵，有個結束一天工作的儀式將幫助你對抗過度工作的誘惑（見第十章）。

技巧 9

贏得早晨

成功人士總是贏得早晨。你準備好贏得早晨了嗎？

你可能認為，當你打開筆記型電腦、或回覆第一封電子郵件時就贏得早晨了。實際上，你一天的成功可以開始得更早。有多早呢？二〇一八年CNBC的一篇文章發現，像歐普拉．溫芙蕾（Oprah Winfrey）、提姆．庫克（Tim Cook）和蜜雪兒．歐巴馬（Michelle Obama）這樣的成功人士在早上六點之前就開始一天的工作，問問成功的運動員、首席執行長和藝術家，你會發現一個趨勢：早點開始工作可以讓你在一天中過得更有效率。

我承認，我天生是個夜貓子，但我已經能夠訓練自己提前起床。我喜歡在太陽升起之前開始一天的工作，因為清晨是如此安靜。沒有惱人的電話鈴聲，沒有電子郵件的叮咚聲，影響我注意力的因素會少得多。

與何時起床同樣重要的是，一旦你醒了，你要做什麼。

對我來說，首先是利用一些個人時間，喝杯咖啡和閱讀，我將閱讀視為一種樂趣，透過閱讀可以讓我的大腦進入狀態。我有一個規則：在我去家庭辦公室之前，不檢查或回覆電子郵件及工作資訊。接下來，我喜歡活動一下身體。有時是實際的健身，但也可能只是帶著狗在附近輕快地散步，甚至是良好的伸展運動。

我發現，讓我的身體參與工作日的早晨，有助於為我的頭腦做好一天的準備。最後，我在開始工作日之前，會抽出時間進行正念（mindfulness）和冥想。諸如寫日記、冥想或寫感謝卡等，都是在開始工作之前讓自己放鬆，並讓工作更有成效的好方法。

我的朋友哈爾・埃爾羅德（Hal Elrod）寫了一本暢銷書，叫做《上班前的關鍵一小時》（*The Miracle Morning*）。在書中，哈爾詳細介紹如何設計出完美的晨練程序，協助他在一次幾乎致命的車禍後走出憂鬱症的深淵。哈爾說，有六個關鍵的「步驟」可以實現你的理想晨練程序：沉默、肯定、視覺化、鍛鍊、閱讀和塗鴉。

現在，是時候對你每天早上的流程做一些調整了。你準備好贏得早晨了嗎？

技巧 10

打造「下班」的儀式

讓結束工作日成為一種習慣。

你每天可以做什麼讓自己離開辦公室？

我最常從剛開始在家工作的人那裡聽到的是：他們實際上工作得太多了。幾十年來，美國企業對遠端工作持反對態度，因為他們擔心人們會偷懶，無法完成足夠的工作。事實上，情況恰恰相反。[1] 由於沒有打卡的時間，沒有浪費在卡布奇諾咖啡機前的時間，沒有與你旁邊隔間的人聊天，大多數人在家裡工作時實際上投入更多時間，完成更多工作。

1 Nicholas A. Bloom, et al., "Does Working from Home Work? Evidence from a Chinese Experiment," Stanford Business, March 2013, https://www.gsb.stanford.edu/faculty-research/working-papers/does-working-home-work-evidence-chinese-experiment.

為了對抗這種過度工作傾向，最好的方法就是為工作日制定明確的結束時間。

準備一個適合的結束儀式，能夠幫助你堅持結束時間。這個儀式會向大腦傳達一個信號：今日工作已完成。這個儀式可以是任何事，例如填寫工作日誌，向老闆發送最後的更新或報告，制定待辦事項清單，整頓工作空間，把用品或裝備放好，或把門上「請勿打擾」的標誌取下。

就我個人而言，我最喜歡的結束儀式是為第二天制定簡短的待辦事項清單。你可以寫在一張紙或一塊玻璃板上，但我更喜歡記錄在電腦的記事本程式裡，方便我迅速打出當天沒有完成，需要在第二天跟進的事項，並添加任何想重新審視的重要內容。這麼做可以幫助我真正放鬆下來，脫離工作狀態，因為我不再擔心未完成的工作，更能夠專注於下個工作日開始之前的休憩時間，一旦準備好再次開始工作，我就知道該從哪裡開始。

進階建議

記下第二天的待辦事項清單。這將幫助你更好地解除工作狀態，享受工作空檔的時間。

技巧 11 專注於「這件事」

找到你的「這件事」，你就能把自己從一切中解放出來。什麼事可以改變一切？

帳單堆積如山，電子郵件已經一個星期沒有檢查，待辦事項清單和上週五一樣。家庭義務、工作任務和社會承諾的壓力壓在身上。我感覺不到動力，一切似乎癱瘓停滯了。

你曾經有過這種感覺嗎？

我仍然時不時地有這種感覺，但我發現一個能克服這種情況的簡單技巧：找出阻礙我前進的一件事，然後從那裡開始處理。

我知道，你可能在想：「手邊的事情遠不止一件！」沒錯，人生總是如此。但想想什麼是最緊迫的。如果你今天除了這件事之外什麼都不做，那會如何？

對我來說，這通常是我一直拖延的一項任務；我必須要辦的一個工作；我急需進行的一次必要談話。一旦我確定了「這件事」，它就會使卡住的齒輪再次啟動，使我能夠繼續完成其他任務。

如果你發現自己一再拖延某件事，請考慮把這件事作為你工作日的首要任務。捨棄逃避，**將面對問題養成習慣**，會讓你有改變看法，你可能會發現這些困難並不像你想像的那麼龐大、可怕或痛苦。

技巧 12
時間越短，效率越好

如果工時能比現在更少，但實際上完成更多工作，那不是很好嗎？

要怎樣才能減少工作，完成更多任務？

一般而言，工作時間越長，你完成的工作就越多，對嗎？也許是吧，但不一定。我們剛剛簡單地談到過一種趨勢：在家工作的人，實際上比他們待在傳統辦公室工作時，工時更長。那麼，八小時工作制到底是怎麼來的？

八小時工作制在工業革命期間成為「規範」。在此之前，大多數工人實際工作時間更長，有時長達十八個小時，在工廠和田間揮汗如雨。福特汽車公司在一九一四年將勞工的輪班時間縮短到八小時，還將起薪提高一倍。

結果是什麼？生產力跟著成長一倍。

我認為，對於許多工作，我們需要一場新的「革命」。僅僅因為一直都是這樣運作，就把工作時間定為八小時或十小時，是沒有意義的。

根據 Inc. 雜誌和美國勞工統計局（U.S. Bureau of Labor Statistics）的研究，普通工人每天最有效率的時間約為三小時。其餘的時間都被不必要的任務、重複的工作、在社群媒體上浪費時間等所填滿。

誠實自問：如果你專心致志，集中精力，你每天要花多長時間才能完成工作？

它很可能比你認知的「工作時間」少很多。

我想提出一項挑戰：檢視你每天做的事，並思考如何刪除減掉不必要的部分。是否有一些浪費和耗時的過程可以刪除？是否有一些工具可以將重複的、簡單的任務自動化？我們將在後面章節關於「生產力」的部分深入探討節省時間的機會。

現在，我只想讓你擺脫每天工作多少小時的心態。你實際上可以在更短的時間，甚至是短非常多的時間內完成工作。你準備好敞開心胸了嗎？

進階建議

在兩周內，用時間追蹤器記錄例行工作以及在每項工作上花費的時間。這項啟發性的練習將告訴你，你在哪裡花費太多時間，以及在哪裡可以節省時間。

技巧13 更多「不工作的時間」

在家工作時，你能夠如何縮短工時？
你可以用幾個步驟從工作日中縮短一、兩小時工時。

在第十二章中，我提到確實有可能減少工作時長，並完成更多任務。但實際上該如何做到？我列出以下四種方法，或許可以讓你的工作日減少一到兩個小時的工時。

① 停止做別人的工作：大多數人都對只做我們面前的事情感到內疚。有時這意味著做這件事似乎更容易，即使這項任務、工作真的屬於其他人，屬於另一個部門……你正在做別人的工作嗎？

②計畫工作日：許多人在沒有計畫的情況下進入工作日。這也難怪，在一天結束時，我們會因為沒有完成足夠的工作而自責。這對任何人都沒有好處，所以，請開始練習計畫工作日。注意，我說的是「練習」，因為這個習慣不是一天就能養成的。

③消除工作中的空檔：一旦開始計畫你的一天，你可能會發現一天中在等待與無所事事上耗費了大量的工時。譬如重要會議之間有一個奇怪的二十五分鐘空檔，或者電話會議之間有兩小時的空檔。除非這些空檔是刻意安排的休息，否則就消除它，避免平白浪費，這是增加時間最好的方法之一。

④優先完成重要任務：我最喜歡的節省時間方法之一，就是在一天開始時完成最重要的任務。大多數人會隨著時間的推移而感到疲憊，在一天即將結束時，我們的工作效率會降低。而當你剛開始一天的工作，先完成最重要的任務；因為當你經過良好休息，正當身心在最好的狀態時，就會有動力完成這些工作。等你完成了最重要的，其他那些不太重要，需要最少腦力的任務，就會變得比較簡單。

如果你被要求每週工作四十個小時，你可以利用上述方法更好地利用工時，來完成更多工作。當然，你的老闆會注意到，而未來很可能會因此得到晉升或加薪。比起使用或想出任何節省時間的方法，更重要的是節省時間的想法與心態。時間是寶貴的，事實上，時間是你擁有的最寶貴商品。無論多少錢或成功都不能給予你更多的時間。因此，如何運用時間非常重要。**如果你不保護你自己的時間，就不要指望別人會這麼做。**

技巧 14

「保持健康」當作義務

如果你沒有照顧好自己，其實就不用談其他事。
你的健康如何影響你的工作生活？

為什麼談的明明是「心態」，卻出現關於健康的章節？我明白這可能有點不合時宜。實際上，我們健康的身體直接影響到我們的心態，反之亦然。

此外，沒有健康，其他一切都不重要。無論生產力有多高、有多自在、賺了多少錢，這些都不能克服健康狀況不佳所帶來的損失。

我養成與來自不同背景和年齡層的成功人士交談的習慣；我喜歡向他們請益是什麼幫助他們找到成功和克服挑戰。從那些成功人士口中聽到的最令人心碎的事情之一是：他們沒有更妥善地照顧自己，並對此後悔不已。無論花多少錢，也無論多麼遺憾，都無法改變幾十年前忽視健康的決定，也無法讓錯誤的時間倒流。

在家工作是個絕佳良機，可以掌控絕大部分的生活，控制工作方式。

在家工作也可能更難保持健康。當你不需要離開房子謀生，很容易久坐不動、做出不良的飲食選擇、忽視心理和情緒健康。

我不是健康生活專家，我也無法提出所有的答案。我所學到的是，關注這三件事已經使我的生活發生變化：

- 每天至少運動一個小時：遛狗、拉伸、跑步、做瑜珈或去健身房。我最喜歡的是悠閒地騎五到十英哩的自行車。
- 良好飲食：不要在食物上吝嗇，這可以說是你花錢能買到最重要的東西之一。無論你的飲食是什麼，都要平衡和愉快，並留心飲食方式是否令你感覺愉悅。

▼ 注意心理健康：尋求幫助是力量的象徵，而不是軟弱的表現。憂鬱、焦慮、金錢壓力和人際關係問題確實影響到許多人。當你需要時，請了解該如何尋求協助，這是你能為自己做的最好決定之一。

▼ 日常練習，如寫日記和冥想，也可以幫助你保持健康的人生觀。

技巧15 打造「感恩清單」

感恩清單是對正向情感的即時提升。你有沒有制定過感恩清單？為什麼不現在就動手做呢？制定感恩清單是降低壓力和改善生活前景最快的方法之一。

當在家工作時，感恩清單可以成為管理心理平衡的寶貴工具。即使在焦慮期，生活向你拋出挑戰時，也總有一些事物值得感激。無論身處何地，情況都可能更糟。如果你讀完這本書的第一章，並說：「我可以做到這一點！我可以隨時穿褲子。」你至少比外面一半的人更好一點，這就是值得慶幸的事情。

當我花一、兩分鐘承認我所處的位置，以及確實有很多值得感激的事實時，許多疑慮、恐懼和焦慮似乎都融化了。感恩則會永存。記下感恩清單可以重新引導大腦更加關注可能發生的事，而不是阻礙。在生活中擁有的祝福，其實比我們意識到要多更多。

如果不曾列過感恩清單，那就從現在開始，從小事做起。想一想所感激的幾件事。也許是家人或朋友，也許是天氣，或最近讓你開心的電視節目或書籍。將這些記錄下來。

例如，今天我感謝我的健康，我的家人，在家工作的生活，以及我最喜歡的下午點心：芥末味的杏仁，真是驚人的美味！

該你了。你對什麼感到感激？

進階建議

把感恩清單釘在工作區附近，讓自己可以每天看到。每當需要提神的時候，就看一眼。只要找到新的和獨特的事物要感謝時，就建立新的感恩清單，這能讓你在工作上有更好的提升。我喜歡在清單最上方寫下年月，偶爾回顧一下舊的清單，提醒自己生活中的所有美好事物。

技巧 16

把阻礙當作機會

阻礙往往會使人軟弱。

你曾面臨哪些阻礙，你如何將這些阻礙轉化為機會？

你還記得學習騎自行車的過程嗎？繫鞋帶呢？路邊停車？好吧，最後一項是許多人目前仍然困擾掙扎的事。你可能不記得學過這些東西，但如果能夠和負責教你這些重要生活技能的人談談，他們很可能會告訴你，你克服困難、掙扎甚至是恐懼，學會了這些技能，而現在的你能不假思索就完成一切。在還未學會的那一刻，這些簡單的任務是無比困難且令人心生恐懼，且讓我們稱之為阻礙。

今日你的生活中也有阻礙。也許學習一個新的軟體程式，或是處理讓你夜不能寐的棘手同事或老闆。沉重的債務或最近的失業使壓力達到歷史新高。這些都是成年後可能面臨的阻礙，就像年輕時學習騎自行車一樣可怕，並可能使人崩潰。但也同樣可以克服。

我們是有能力克服阻礙的，這是我們身為人類的天性。那麼，在當時和現在之間有什麼差別呢？答案是心態。

當涉及到我們看待阻礙和挑戰的方式時，心態決定是緊張並允許自己被它們痲痹，還是跳入挑戰中並克服它們。

當你把面對阻礙視為學習和前進的機會時，你對眼前障礙的看法就會開始轉變。

如果你想知道將阻礙視為機會的實際例子，花幾分鐘觀察操場上玩耍的孩子們。你會看到孩子們做了比想像中更多的事，解決各種各樣的問題。

看看那個膽小的小男孩，害怕地仰望高高的滑梯，在同儕壓力和積極鼓勵之中勇敢地爬上臺階。當他滑下來的時候，他奔放的喜悅；當他安全到達地面，然後馬上又跑到樓梯上的時候，他的眼中充滿驚奇和詫異。

更好的是，如果你附近有一個遊樂場，現在就去那裡。從滑梯上滑下來。想像一下那個更大、更可怕的滑梯，那是你現在生活中最大的阻礙。現在是時候面對它了。要把它視為一個機會。

進階建議

萊恩．哈勒戴（Ryan Holiday）寫過一本好書，書名是《阻礙即道路》（*The Obstacle Is the Way*），其中對上述理論進行了深入的研究。如果這是你感興趣的主題，我強烈推薦。

技巧 17 看看「今天」就好

昨天已經過去，明天還沒有到來。

你怎樣才能最大限度地減少分心，專注於今天？

早年曾有一位導師發現我有消極傾向。他告訴我：「凱文，你一隻腳踏在昨天，另一隻腳踏在明天。然後把今天的一切都搞砸了。」

他是對的。我總是浪費太多時間在無謂堅持，不斷重複回想談話和處理方式，反覆思考是否應該以不同的方式做事，並且陷入後悔的迴圈。我還經常擔心未來：「有個大機會即將到來，希望我不會搞砸它」「該如何提高我的薪資，使我的生活過得更好？」這種情況蔓延到生活中的每一處：財務、關係、幸福，以及我在工作中的生產力。

專注且活在今天是一種需要努力的態度，不是可以一言帶過的東西。

請確實地從這第一步開始做起。試著想一想，經常把時間花在過去和未來的你，承諾將注意力集中在此時此刻，這就已經走上糾正破壞性心理戰術的道路。

在工作時，把下面這兩段話寫在你能看到的地方，當你發現你的大腦在重播過去，或闖入未來時，用它們來提醒你。

過去的事情已經過去。我可以從中學到什麼？我今天要做什麼來尊重過去教給我的一切，並在今天的任務中向前邁進？承諾，我將融入當下的生活，接受一切的到來。我有技能、知識和願望，可以在我的生活中產生積極的變化，就在此時此刻。

未來還沒有到來，也從未承諾過。我不會為它擔心，也不會為它感到壓力。今天，在這個時刻，我將專注於我能做些什麼，以真實和積極的方式生活。今天，我正在為世界上所有的好事做準備，我致力於成為這些好事的一部分，為我自己和他人。

進階建議

這些話將成為塑造你的世界觀的有力工具，它不僅是簡單的華麗詞彙，是真的會帶來變化，不只改變你的感覺，更能改善你的生活。

技巧18 排除「大腦垃圾」

不要對自己太苛刻，我們都在生活的旅程中。

你讓自己獲得必要喘息的方式是什麼？

老實說，誰是最糟糕的批評者？對大多數人來說，是我們自己。這不是很瘋狂嗎？不是配偶或孩子，不是老闆或難纏的同事。甚至不是債權人或前幾天在路上被我們擋住的人，我們自己就是最大的批判者。我想請你讓自己喘息一下。你是人，你會犯錯，我希望你能從這些錯誤中學習並繼續前進。一路上你或許會犯其他錯誤，但那不要緊。

當我們對自己苛刻時，當我們重複消極的想法和情緒時，就會發生一些危險的事：我們開始相信那些負面批評是真的。

這些「大腦垃圾」會悄悄地進入我們生活的其他領域。如果你經常為工作中的缺點自責，就很難建立健康的關係。如果你經常覺得自己對伴侶或孩子不夠好，那麼在工作中幾乎不可能成為最好的。

生命旅程漫長且曲折，充滿許多起伏。為了這個旅程，你需要做最好的自己。一路上會遇到許多人對你進行抨擊，有時也會發生不幸的事件。但又如何？也會有很多好事發生。好事會打通道路，改變生活的機會也會到來。你是如此美好，你會在今日做最好的自己，以及在落空時給自己一個機會、或者其他方式來度過這些不好過的時刻。你值得。

透過我們在這一節分享的技巧，你將擁有適當的心態，完成任何你想要在家完成的工作。每當你需要鼓勵，或覺得有什麼不對勁或不妥時，請參考這些章節。請記住，**你的心態是基礎**，其他一切都建立在這個基礎之上。

現在我們有了正確的思維，是時候開始在這個基礎上進行建設了。

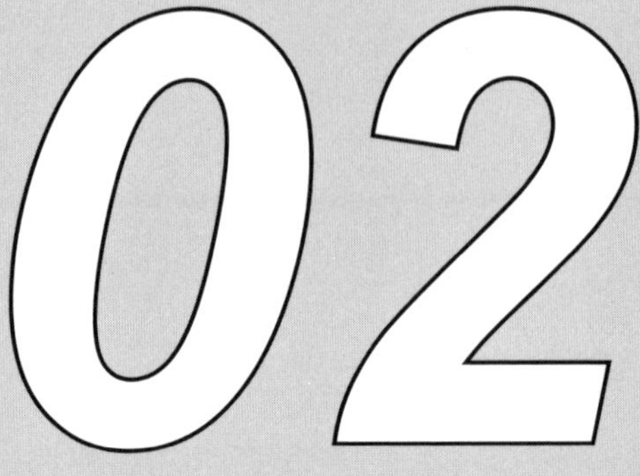

如何在家裡打造一個「辦公室」？

有了適當的心態，我們對在家工作的生活方式進行改造的下一站是：工作環境。工作時的環境不僅對成功和生產力至關重要，而且也會影響你的幸福。

你有過一個糟糕的辦公室嗎？我的意思是，搖晃且太小的辦公桌、坐一小時就會讓背部疼痛的辦公椅，而樓上是家庭影院系統的測試實驗室——哈囉，分心你好！

你可能會覺得你現在的家庭辦公室是個好地方，你也可能覺得你目前的家庭辦公室設置並沒有好多少。在本節中，我們將重點討論如何在家裡創造一個有利於你工作的空間，並使你能夠以時尚且舒適的方式進行工作。

準備好了嗎？讓我們開始吧！

技巧19 家裡的「辦公室」

遠端工作者需要專屬的空間，但很少有人能夠擁有。你目前的工作空間合適嗎？

在我職業生涯的某些階段，不得不對我的工作空間進行一些比較創新的調整。我曾在酒店的洗手間裡為數幾十萬聽眾錄製 Podcast。也曾在我父母的餐桌上舉行數百萬人參加的行銷會議。用幾個搖搖欲墜的箱子作為椅子，在一張折疊桌上開始我的事業。在家工作或臨時工作，意味著要能因地制宜，要在最大限度下活用你手邊的資源，有些時候這代表著不尋常的工作空間。

理想情況下，你會在家裡有一個獨立的房間，可以作為辦公室使用。一旦你指定辦公區域，就要保護這個空間——不要和孩子們在那裡玩耍，也不要用來和你重要的另一半進行枕邊閒聊——那是你的辦公室。你會發現，如果你把辦公室用於工作，而把房子的其他部分用於生活，你的工作效率會更高。清除不必要的雜物和與業務無關的讀物，儘量減少干擾，如果有電視的話，把它關掉。

對於沒有多餘房間的人，你仍然可以有一個專門用於工作的空間。

如果沒有多餘的房間能作為專屬辦公室，就要利用你所擁有的資源做最好的安排。無論是廚房的桌子、客廳的一角、還是玄關旁一個舒適的地方，重點是：要讓它成為你自己的工作空間。搭建一個堅固的辦公桌，確保所有必要的工具（電腦、充電器、寫字板和筆）後，就能開始工作。要讓住在房子裡的其他人知道，在這段時間，這裡是你的專屬工作區域。

人在混亂的複合式環境中，什麼都做不了，或者說，什麼都做不好。如果有多餘的雜物擋住去路，或者身後有一堆髒盤子等著你去洗，就會失去專注於工作的能力，並持續干擾工作流程。你會發現，保留一個專門用於工作的地方，在精神態度和整體生產力方面都會有很大的不同。

如果在家工作是新常態，那麼我允許你發揮想像力。看看那間從來沒有人睡過的空閒臥室，或地下室那個被遺忘的角落，然後說，嘿，這就是我的新家庭辦公室。

另外，雖然沙發是個舒適的地方，但並不是最適合安置自己和長期生產的空間。廚房或餐廳的桌子會更好。

技巧20

舒適的椅子

你需要換新座椅嗎？

不要因為一張糟糕的椅子折斷你的腰。

在家工作時，擁有合適的椅子是必要的。但究竟什麼是合適的椅子？

這有待解釋，但對我來說，在尋找一張優秀的辦公椅時，姿勢勝過清單上的一切。找到一張感覺良好的椅子，讓你長時間坐著也不難受——但不要太舒服。不要把沙發當成椅子（雖然感覺起來很棒），也不要在超大的躺椅上癱坐。因為現在聽起來可能不錯，但你的背部以後會因此討厭你。

最好的辦公桌椅是舒適性、風格和功能的混合體，舒適性和功能要比風格更重要。我很喜歡為自己的工作環境感到高興和自豪，但如果在一天結束的時候，你所坐的那張時尚性感的椅子會使你的背部受到傷害，那就不是一個好的長期解決方案。

此外，請記住，你應該每隔一段時間就站起來走動一下。所以，辦公椅應該足夠舒適，但不能舒適到讓人睡著。

進階建議

如果你目前的椅子情況不太理想，可以在椅墊上放枕頭或墊子改善，或是在椅背放靠墊，為你的腰與背提供更多的支援。

技巧21

購買、或打造一張大辦公桌

你在什麼樣的桌子上辦公？

咖啡桌肯定不夠用。

擁有合適的書桌和在家裡擁有一個專門的工作空間一樣重要。咖啡桌？不是。把筆記型電腦放在電視托盤上？它必須離開這些地方。廚房的桌子在緊急情況或短期在家工作時用很好用，但也不是最佳選擇。

一張合適的辦公桌是你工作時的根據地，這肯定會對情緒和對待工作的方式產生神奇的作用。

你可能會發現，合適的辦公桌也會提升生產力。幸運的是，笨重的「嵌入式」家庭辦公桌時代已經一去不復返，這些辦公桌配有滑出式的鍵盤托盤或笨重的檔案櫃。隨著電腦越來越輕薄，大多數檔案歸檔都轉向數位解決方案，也更能夠對辦公桌的風格和功能進行創新。

我認識一些成功的在家工作人士，他們有漂亮精巧的家庭辦公室。我也認識一些百萬企業家，他們拿著手提箱，按心情或需求換地方辦公——彷彿手提箱就是他們的辦公室——他們真正辦公的地點幾乎每周都不大相同。

我的「正常」日常辦公桌是ＩＫＥＡ的便宜貨：升降式辦公桌。沒有抽屜，只有一個大而平坦的桌面，有足夠的空間放置我的電腦螢幕、鍵盤和文件或小飾品。

我還有一張老式古董書桌，是我祖父在大約六十年前製作的。我最近在修復它，並在這張古董上寫作、閱讀、簽署合約。

無論你做什麼決定，辦公桌最重要的兩點是：

① 辦公桌的條件必須能符合你的工作目標。

② 辦公桌要有合適的高度，在你工作的時候，至少要符合基本的人體工程學原理。

進階建議

升降式辦公桌能讓你輕鬆地坐著或站著並輕鬆切換。我喜歡升降式辦公桌，因為它能讓我站立幾分鐘，防止倦怠，同時還能工作。沒有預算買升降式辦公桌？找個盒子或箱子，當你想站起來的時候，把你的電腦放在上面就行。

技巧22 練習正確的姿勢

姿勢改變一切。

姿勢可能對你的生產力產生什麼影響？

在身體姿勢領域有一些專家，但我不是其中之一。幸運的是，你不需要成為一個專家來控制你的工作空間（畢竟，每個人的骨架都獨一無二）。

如果你以前在辦公室工作過，公司有可能購入理論上合適的、可調整的辦公傢俱。而在家裡，我們只能利用眼下所擁有的傢俱。我們更有可能從餐廳拿把椅子，或者把腳放在咖啡桌上，而不是跑出去買一把價值一千美元、符合人體工程學的可調式辦公椅。

不過，了解有哪些可用的辦公桌，以及合適的辦公桌設置該是什麼樣子，是個好主意。當你設計在家工作的配置時，要別忘了姿勢的重要性。以下有些通用規則：

- 確保椅子不僅美觀，而且功能良好（見第二十章）。
- 確保辦公桌高度和角度合適，這樣就不會扭傷脖子；鍵盤、滑鼠或觸控板和螢幕位置正確，使用時不能造成手腕和肩頸的壓力。
- 如果你使用升降式辦公桌（我強烈推薦），在站立辦公時使用墊子，可以適當減輕你的足部壓力。

技巧 23

別在辦公桌上吃午餐

離開辦公桌去吃午餐可以快速提神。你可以「脫身」到哪裡吃午飯？

你還記得網路迷因「悲傷的辦公桌午餐」（sad desk lunch）嗎？成千上萬人在網上發佈圖片，其中有看起來難吃的外賣、匆忙打包的午餐、以及辦公桌上的微波食品。這是在辦公室工作的悲哀，但也是真實世界的現況。

身為在家工作者，你可以有所選擇。如果不願意，就不必吃「悲傷的辦公桌午餐」。雖然改變環境不能讓你的午餐變得豐富歡樂，但至少可以換個場域！

我有個無法否認的毛病：經常不吃午餐。我以前從不離開辦公桌，尤其不會為午餐這樣的小事離開。如果有讓我離開辦公室的理由，例如一個午餐會議，我會很樂意參加；但如果只是解決一份三明治，十之八九我會邊工作邊吃。直到最近我才改掉這個壞習慣，我也慶幸自己不再在辦公桌前吃飯。

利用午休時間非常重要。**抵抗在辦公桌前吃東西的誘惑，並「完成更多工作」**。不管你是在吃剩飯，還是因為間歇性斷食而根本不吃東西，中午休息一下，重新充電，養精蓄銳，對你的工作與生活都有好處。

如果你因為新冠肺炎的衍生問題，而無法去當地的三明治店和朋友一起吃午餐，也還是要去工作區域以外的地方午休。這是利用在家工作優勢的最佳機會。你可以利用這段時間看一集喜歡的電視節目，如果天氣好的話，也能坐在外面曬曬太陽。

進階建議

在工作日的前一天晚上或當天早上準備好午餐，讓自己有所期待，使你更有可能真正利用午休時間並享受美食。

技巧24 「請勿打擾」

掛上標誌，並知道何時使用它。

你可以做什麼設定工作場域的界限？

我的一個朋友給了我這個建議。就我個人而言，我沒有「請勿打擾」的標誌，因為我沒有孩子。但如果你有家庭，這就很有必要了。

有些特別的重要時刻，例如與老闆舉行視訊會議，或者給新客戶留下好印象，而你最不需要的就是不必要的干擾。然而，一開始要達到這種工作和生活的平衡可能會是個挑戰。為那些與你同住的人提供明顯的提示，幫助他們明白什麼時候可以插進來，什麼時候必須等待。

然而，與設定這一界限同樣重要的是：知道何時使用它。**如果你決定掛一個牌子，請為特定的原因使用，不要隨時都掛在那裡**。只在你一天中最關鍵的時候使用「請勿打擾」的標誌。

在那幾個小時裡，你真的需要專心完成那份報告，或是一個會議，如果此時孩子們跑進來、狗兒開始吠叫，都會對你的工作產生負面影響，為了排除這些，掛上「請勿打擾」的牌子是必要手段。但在其他時候，隨時歡迎這些瞬間的干擾，享受生活中的小事。孩子或伴侶應該能夠帶著餅乾或零食到你的辦公桌旁，或是向你展示他們的創作。

進階建議

不要失去這種靈活性，否則，在家工作的意義何在？所以，要知道何時使用它。

技巧25 將「家事」與「工作」分開

「在家」工作並不代表你應該「在家裡」工作。該怎麼把工作和家務分開？

早上，前往辦公室的幾步路上，你注意到洗衣機旁堆滿衣服。洗碗槽裡滿是昨晚的碗盤，你還記得伴侶兩個星期以來一直要求你更換燒壞的燈泡……在家工作讓你有機會把工作和家務混在一起，但你可以這樣做並不代表你應該這樣做。

如果你允許將家務與工作毫無界限地混合在一起，那麼在家工作的許多好處就會被抹消。

正如擁有一個專屬的空間、並期望自己和他人尊重這些界限的重要性，不要把你的工作和家務混在一起同樣重要。盤子可以等待、衣服最終會洗好。當你在工作時，就去工作。

有一點需要注意的是，有時候，我喜歡利用工作中的十五分鐘短休時間來完成家裡的一些事……關鍵是讓這休息成為一種習慣，並將時間安排好，可以去摺衣服或放盤子。快速的精神休息能使腦袋煥然一新，也讓我完成一些家務，這是雙贏的辦法。

如果你和別人住在一起，設定什麼時候工作、什麼時候幫忙家務，這會特別有幫助。關鍵在於平衡，取得正確的平衡將使你在工作時專注於工作，而「在家」時不工作。

技巧26 關掉電視

它可能看來是人畜無害的白噪音，但電視其實是一個大陷阱。當你工作時，你能做些什麼來填補沒有電視的空白？

你到底在看什麼？它如何幫助你提高工作效率、快樂或專注的？它能讓你得到期望的加薪或晉升嗎？很有可能，不會。

我必須懺悔。作為在電視新聞行業工作了十年以上的人，我很容易陷入這個陷阱。我告訴自己，這是在與時俱進，保持聯繫，或「站在」事物的頂端；我告訴自己，這只是白色雜訊；我告訴自己，播放節目當背景音沒什麼大不了的——然後我的工作進度就延誤了。我變得心煩意亂，最終躺在沙發上，狂看最新一季我最喜歡的節目。

當然也有例外情況，在工作期間看電視是可以接受的：歷史事件、緊急廣播，或者你是需要監控股票市場的生意人，或者是需要了解當前事件的公關人員。但對於其他人來說，說真的，沒有任何理由在工作時打開電視（或 YouTube！）。**把它關掉，認真工作。**

工作結束後，你可以放鬆下來，看你心中想看的任何節目，沒有愧疚感，因為你知道你已經跨越陷阱，現在可以放縱了。

技巧 27 你應該準備一副降噪耳機

聽覺干擾會扼殺你的工作情緒。

你覺得噪音讓人分心嗎？你如何應對？

我還記得第一次試戴降噪耳機的感覺。我當時正在飛機上，航程還有五個小時，後面的座位有一個哭泣的嬰兒。當我戴上這副耳機後，差異相當驚人，而且這些耳機甚至沒有現在的降噪耳機那麼大（這是大約十年前的事）。

我從來沒有在飛機上好好休息過，但這次在著陸之前，我在飛機上睡了個像樣的午覺。我想，如果降噪耳機在飛機上都那麼好用，想像一下它在家裡會有多好用。

身為在家工作者，你可以不用處理旁邊隔間裡的談話或電話鈴聲，但肯定會有家庭噪音。在家工作時，有許多事情會讓人分心。尖叫的孩子、狗吠聲、來自鄰居割草機的嗡嗡聲；那傢伙很少修剪草坪，但由於某種原因，他決定今天進行……就在你有個緊迫的趕工期限時。

如果你正在做一些需要高度集中注意力的事，降噪耳機會是個明智的投資選擇。對我來說，它們是生活的救星。你可以播音樂、聽Podcast，或來點舒緩情緒的聲音，或者只是善用它們的原始功能——什麼都不聽。它們可能很貴，但在我看來，你得到的回報完全物有所值。

技巧28 氣氛可以設定嗎？

正確的音樂使一切變得不同。

哪五首歌是「在家工作」播放清單中最重要的音樂？

現在，你有了降噪耳機，聽音樂，還是不聽音樂？這是個問題。在這個問題上，每個人都有自己的看法。

對我來說，這取決於工作情況和工作內容。我承認，我對在家工作時播放音樂的概念難以接受；我總是選擇沒有任何聲音的安靜背景。直到有一天，我決定在清晨播放一些柔和爵士樂，而這改變了我的生活。接下來，我準備了一份硬搖滾的播放清單，在午餐後用以重新啟動我的心態。現在，我對於音樂力量影響情緒和工作方式深信不疑。

不過，當我需要集中精力，最好還是以平和與安靜來澆灌。在這種時候，只要有甜美的沉靜就可以了。

也許你想探索音樂選項，但不知道從哪裡開始？如果你使用 Spotify 或蘋果音樂等訂閱服務，你可以找到適合學習或工作的現有播放清單。如果你不喜歡有歌詞的音樂，你可以找到古典的播放清單，或者聽一些放鬆心情的曲目。甚至還有可以提高專注力的阿爾法波層（alpha waves layered）音樂可以選擇。

技巧29 使用好的麥克風

好的麥克風對於重要的收聽者是必須的。

如何確保你的聲音總是能被聽到？

這個提示適用於每個人，特別是Podcast和任何定期創建內容的人。你的聽眾看不到你，摸不到你，也聞不到你（希望如此）。他們依靠的是聽覺，如果你的聲音聽起來像在對著鐵罐說話，那就會引起不滿。無論會議、廣播或直播的原因是什麼，讓聽眾在你每次講話時都感到煩躁或害怕並不是件好事。

你不必為Skype電話或Zoom會議準備超級花俏的音訊品質，但一般而言，對於長時間聽你講話的聽眾來說，電腦內建麥克風並不是最好的選擇。就像我在第二十八章鼓勵你投資一副像樣的耳機，我也會建議你投資一個像樣的麥克風。

如果你想表現出「大師」級播音員的氣質，那麼懸吊式麥克風（boom microphone）和動圈式麥克風（HEIL）或其他專業麥克風都非常好，聽起來也更棒。如果你只是想找一個又便宜又好用解決方案，有些耳機式的USB麥克風，音質聽起來也非常不錯，價格約在二十至三十美元之間。

重點是，你並不是住在鐵皮盒子裡的人，為什麼要讓那些被迫聽你講話的人認為你是呢？買個像樣的麥克風，提高聲音品質吧！

技巧 30 當你自己的燈光師

使用好的燈光可以提升視訊會議的品質。**要怎樣才能改善你的照明設置？是時候買一盞新燈了嗎？**

雖然很難想像，但在創業初期，我曾經每天花六到八個小時進行視訊通話。由於大量的試驗和無數的錯誤，我學會各種方式與技巧來主持視訊會議，因為品質不錯，視訊會議也就不至於太痛苦。

如果視訊會議將成為在家工作的一部分，現在正是提高照明水準的時機了。

沒有人喜歡與模糊不清、人影晃動、背景有狗吠聲、或正試圖以時速七十五英里在四〇五公路上行駛的同事進行視訊對談。一般來說，如果你遵守幾條好的經驗法則，你會得到源源不絕的讚美。

① 使用手邊最好的視訊器材（額外提示：確保器材在通話過程中是固定好的。如果使用的是手機或平板電腦，請把它放在桌子上）。

② 有時難以避免在開車時進行視訊通話，如果必須邊開車邊通話，請先警告對方，並關閉鏡頭，讓它成為純音訊的電話。因為沒有人想看到你邊通話邊閃避行人。

③ 在視訊通話中，避免被窗戶或燈光之類的光源照到。調整位置，讓自己面向窗戶，這是很好的自然光來源。也可以增加電腦螢幕的亮度來仿造這種效果。

④ 如果你沒有足夠的自然光，或者無法在房間裡獲得額外照明，可以考慮購買一盞便宜的燈用於視訊通話。使用房間裡的照明增加光線，例如立燈。記住：燈光在前面比在後面更好。背景中的重點光源看起來不錯，但對視訊品質沒有幫助。

⑤ 測試不同的背景和配置，研究如何搭配才能產生最佳效果。

技巧31 留意你的背後

在視訊會議中，你的背後放什麼很重要。當人們越過你的肩膀窺視時、或者你離開座位時，他們會看到什麼？

在視訊會議大流行初期、當Zoom會議成為「一種潮流」，我對這個現象感到有趣。我已經使用Zoom多年，並以此管理一個遠端團隊。隨著使用者增加，一些較少使用的功能逐漸成為主流，其中之一就是虛擬背景。突然間，有人在海灘上、高山上，或在身後有個匆忙拼湊的標誌。

然而，當你進行視訊通話時，注意你的背景不僅僅是為了避免俗氣的虛擬畫面。髒衣服堆滿身後的沙發，或者那本可能有點不正經的書就在書架上，又或是那張你鍾愛的性感海報？這些都會發出錯誤的信號。注意你背後有什麼，因為當你與老闆進行長達一小時的視訊通話時，他或她將有足夠的時間看到背景中到底發生什麼事。

規劃視訊背景的幾個提示：

① 保持簡單。減少雜亂和噪音總是最好的選擇。讓自己成為節目的主角。

② 在身後放點東西。一株植栽、有品味的圖片、或書架上的幾本書，都比空白的牆面好。

③ 在視訊通話開始前打開你的鏡頭，用幾分鐘檢查你的樣子和背後的物品。這一天可能很忙，你永遠不知道什麼東西已經悄悄進入你的背景。與其在其他人加入後感到尷尬並瘋狂地亡羊補牢，不如在開始前就解決。

技巧32 用白板發揮創意

當你有龐大的計畫或問題時，白板提供解決的空間。你在工作時可以在哪裡記錄下突然冒出來的創意？

所有企業都需要白板。尤其是那些涉及視覺或創意技能、戰略規劃和大規模思維的企業。我所做過最好的投資之一，就是為我的家庭辦公室買了一塊白板。我現在擁有的這塊白板是由玻璃製成，覆蓋了一整個辦公室牆面（這是我擁有的第二塊玻璃白板；第一塊白板在運輸過程中變成碎片）。這塊白板很大，不過我也用過小型白板，有些裝在牆上，有些裝在畫架上，有些只是靠著牆，無論大小都很好用。

白板有幾十種用途，以下是一些想法：

- 寫待辦事項清單。
- 規劃複雜的專案。
- 重新組織資訊。
- 在會議或計畫會議期間使用。

在白板上，你可以快速地「寫」下資訊，並且靈活地進行修改，或者擦掉重新開始，這是紙筆和電腦無法做到的。

進階建議

如果空間不允許安置白板，使用軟體工具可能是不錯的選擇。不過，我強烈建議採用更老派的方法：在物理表面寫出的內容，更能激發你大腦的不同部位。

技巧33 規劃工作空間

要有意識地將工作相關的文件與用具放在工作區，並維護工作環境。目前你的工作空間裡有什麼物件？這些物品對你的工作有幫助嗎？

我得向你坦白，我可能有點儲物癖，還有誰也是？好了，現在我已經說出來了，感覺好多了。我不是個囤積居奇的人，而且討厭家裡到處都是雜物，但我的家庭辦公室有成為物品墳墓的趨勢。產品樣本、裝滿舊合約和報表的檔案盒，以及我認為「可能」永遠不會再用的東西，但你永遠無法確定，對吧？

物理意義上的雜亂也有可能成為精神意義上的雜亂。

在一堆垃圾中度過工作日，你會發現自己更容易分心，更不專注，對所做的工作也更不自豪。另一方面，乾淨的、精心規劃的工作空間，將為你創造快樂的、有條理的、令人愉快的時間。

要擁有一個精心規劃的工作空間必須做到三件事：

①消除雜亂無章的東西。如果它不屬於辦公室，就把它裝箱，放在壁櫥裡、車庫、閣樓上、出租倉庫裡。如果擔心可能在需要使用時找不到，請在電腦裡做好清單，列出儲存的所有物品與地點，並為這些箱子貼上標籤。如果你知道自己不再需要某些物品，那麼最好的選擇是直接扔掉。如果別人可以從中受益，可以考慮捐給慈善機構。

②每樣東西都有自己的位置。花一些時間思考你需要什麼、以及何時需要，然後把它們放在最合理的地方。包括充電線、書籍和培訓指南等參考資料，以及你偶爾但不是每天使用的小工具。即使有點失控，但當所有物品都擁有各自的空間時，整理起來仍是容易多了。

③為你的空間添加有意義的物品。完美的家庭辦公室不僅僅是要減少雜亂無章的東西，還要給所有東西一個家，讓各種放在辦公室的物品融入空間。這可能是把孩子的照片放在辦公桌上的最佳位置，或者把伴侶的紙條釘在門邊，這樣每次走進去都能看到。

為什麼不現在就花點時間用新的眼光來看待你的工作空間？你是否有一些整理工作要做？今天可以為你的空間增加什麼，使它更適合你？

技巧 34

改善情緒的方法

約有七〇%的人受到季節性情緒失調（seasonal affective disorder）的影響。

你是否注意到情緒在較冷、較陰暗的月份產生變化？

有些地方有大量的陽光，如南加州和佛羅里達；但其他地區，如華盛頓和奧瑞岡，在冬季可能非常陰暗、沉悶。曾經有個夥伴住在芬蘭，那裡一年之中有好幾個月沒有陽光，漫長的夜晚延伸到白天，是令人難忘的嚴峻。

並非所有的人都生活在極端氣候下，但季節性情緒失調是不爭的事實。當冬季白天變短，有數以百萬計的人，會像我一樣感到沮喪，陽光的重要性不言而喻。沒有陽光，植物就不會生長，我們就會失去食物來源。研究顯示，缺乏陽光和冬季憂鬱症發病率之間有很強的關聯性，因為會減少人們獲取維生素D的機會。

就我所知，目前還沒有任何關於「在家工作缺乏日照會有何影響」的研究，但我願意打賭，長時間待在室內，和缺乏陽光之間也有關聯。

無論如何，投資合適的仿日光燈（也稱為SAD燈）並不是一個壞主意。工作開始前半小時打開，午休後再打開，都能讓你重新進入工作狀態。特別是在那些陰暗的冬季使用，你會注意到一切將有所不同。

技巧 35

藍光眼鏡拯救你的視力

這個簡單的工具可以減少眼睛疲勞，尤其是當你整天盯著螢幕時。

你知道螢幕疲勞的跡象嗎？

如果每天花在電腦上的時間超過四小時，就應該保護眼睛不要過度暴露在「藍光」之下。如果必須花費大量時間盯著螢幕，眼睛疲勞可能是在家工作的真正障礙。

有幾個簡單的解決方案。如果你有智慧型手機，進入設置，點擊顯示選項，將手機設置為夜間模式。不要被「夜間模式」這個名字迷惑，夜間模式實際上非常適合在任何時段使用。

如果電腦或設備上沒有夜間模式功能，另一個好方法就是買一副濾藍光眼鏡。這類眼鏡是專門為減少或消除來自電子螢幕的「藍光」而設計。

無論你是選擇每天只戴幾個小時，例如在試算表上計算數字時；還是把它們一直掛在你性感的臉上作為一種時尚宣言，我相信你的眼球會感謝你。

把藍光眼鏡放在辦公桌上的盒子裡，這樣你就會知道它在哪裡。另外，別忘了清潔鏡片，你這個髒髒的自大傢伙！

技巧36

為什麼需要芳香療法？

嗅覺能改變你的環境。
如何用香氣提升你的工作空間？

音樂是我在家工作時，最早嘗試操控自己情緒的方式之一，芳香療法（Aromatherapy）則是最近的新挑戰。我一直很喜歡香氛蠟燭的氣味，但從未想過在家庭辦公室使用。當我心愛的小狗艾米在晚年發生意外時，情況發生變化。艾米一直在我身邊，是我長年的辦公夥伴。即使年紀越來越大，我也不想改變這種狀況。

為工作空間注入最喜歡的香味，是為你的一天增加多樣性的好方法。你可以根據心情，或不同的季節改變香氣。也可以將芳香療法納入日常，當你做了一筆大買賣或工作邁入新里程碑時，點上一支香氛蠟燭慶祝，這能為你帶來額外的好處。在漫長的一天過後，或在辛苦的一週結束時，它還可以幫助你放鬆和減壓。另外，**點燃蠟燭或熏香也可以成為結束儀式的一部分。**

如果你住在不允許有明火的住宅裡，不要擔心。有各種的無火芳香療法供你選擇，包括香氛蠟磚的熔爐、精油或擴香機。花俏的商店使用香味的力量其來有自：它真的會影響我們的情緒。

現在，你想先嘗試哪種香味？

技巧 37

放個盆栽的必要性

植物能拯救你的生活嗎？

有哪些不須精心呵護的完美辦公室植物？

在家庭工作空間中加入植物，可以為你創造心理奇蹟。植物還可以改善空氣品質，看起來也很美觀，並為你的辦公室帶來更多個性化的「家」的感覺。

這種可能性是無窮無盡的。我最喜歡的植物是盆景樹或吊蘭（spider plants）植物，它們不需要每天澆水，當你因為旅行或經常不在（家庭）辦公室，卻發現你的植物完好無損時，就能明白這個優點多麼重要。

如果喜歡更多采多姿，可以選擇蘭花或開花仙人掌（blooming cactus），這兩種植物只需少量照顧和澆水次數。無論您選擇哪種盆栽，請研究您當地的植物指南，因為不同地區的植物種類和供應情況可能有很大差異。理想情況下，請挑選全年都能生長、只需要最少維護的植物，在其一生中保持相同的大小。當你確實需要離開幾天時，可以買一個澆水球，在土壤乾燥時釋放水分；這些澆水球足以為盆栽澆水長達幾週之久。如果你的旅行時間較長，最好讓鄰居順路為植物澆水。也可以把植物送給朋友或鄰居，等結束長途旅行後再買一盆新的。

至於該在哪裡購買植物？在任何地方都行，但在當地的苗圃，你會有更多個人化的協助和基於特定地區的建議。但若是沒有太多時間挑選，在當地的雜貨店或家庭用品店買一盆家庭盆栽也無妨。

進階建議

有些植物種類在人造光下比其他植物生長得更好。除非你的家庭辦公室在海灘上，或是擁有採光良好的窗戶，否則選擇時記得考慮這一點。

技巧38 擁有一個「夥伴」

擁有一隻寵物作為同事，可以為工作增添生機和活力。你會給你的動物夥伴什麼樣的工作頭銜？

我們現在養著一隻拉布拉多犬。事實上，我的企業是以我養了十三年的狗所命名——「艾米最佳寵物產品」——她是一隻白色的拉布拉多，是我們的首席執行官（首席艾米官）。在二〇一九年去世。

在我公司草創初期，她的存在非常寶貴。只要有艾米在，我從不孤單。有她在，無論日子好壞，那一天都會更好一點。當我和一個悲慘的客戶通完電話，或者我不得不參加那個本不應該舉行的會議時，她會用那雙同情的眼睛安慰我。

這是最美好的事。

有很多證據表明，擁有一隻寵物可以減少壓力和焦慮，並改善生活前景。畢竟，沒有什麼比敲打著待辦事項清單，而Fido或Tinkerbell在角落裡打盹更好了。對許多人來說，有一個不頂嘴或不參與辦公室政治的工作夥伴，是一件令人欣慰的事。

另一個好處是，寵物可以把我們帶回現實——除非你的寵物恰好是一隻兔子，否則他一定能把我們從待了好幾個小時的兔子洞裡拖出來——偶爾休息一下，帶狗出去玩，或給貓的水碗加水，可以分散我們的注意力。

當然，不是所有的人都是寵物愛好者，那就買一塊寵物石或一盆家庭植物吧！有很多方法可以為你的工作空間帶來一點生機，例如真正的（或假的）水族箱、盆景樹、寵物石，甚至是小的毛絨布偶或桌子上的玩具。目的是要有東西陪伴。但要記得確實向其他同事解釋清楚，這樣當你開始把你的寵物石頭稱為「我的朋友拉爾夫」時，他們才不會認為你已經瘋了。

進階建議

寵物也可以成為與同事和客戶聯繫的可愛手段。大多數人不僅不會介意看到寵物在背景中徘徊，而且也會真正喜歡上他，許多人會感到與你有更緊密的聯繫。在可愛的毛茸茸朋友幫助下，準備好完成更多的銷售，搶到夢寐以求的升職吧！

技巧39 舒服，但也不要太舒服

不舒適的工作環境是殺手，但太舒適也不好。

如何在工作空間的舒適度上找到正確的平衡點？

如同體操選手在平衡木上，或特技表演者在高空走鋼絲，思考家庭辦公室的舒適度時，取得適當的平衡至關重要。家庭辦公室應該是你喜歡的場所，擁有所需的一切，能以有效率和愉快的方式完成工作。

另一方面，太過舒適的地方可能會使你太容易打瞌睡，不請自來的倦意會破壞你的生產力，使你每天早上打開電腦時都感到害怕。

我希望本節中的提示能激勵你認真創造家庭工作空間，不僅為你每天花費時間完成的任務服務，也能為你服務。**擁有正確的設備、正確的工具和正確的靈感**，肯定會給工作日帶來奇蹟，甚至可能讓你重新思考在家工作的整體關係。

你的家庭辦公室看起來如何？感覺如何？按照本節中的提示，我知道你會創造出適合自己的工作空間。雖然這不是一蹴而就的過程，但我鼓勵你立即採取幾個小步驟。買一把更好的椅子（即使是從家裡的其他地方搬來）。花幾分鐘時間組織你的工作空間。最重要的是，如果還沒下定決心，那現在就立刻決定你的專屬工作空間在哪裡。

有了工作空間，你就準備好進入在家工作的新階段了。或至少，能很好地處理在待辦事項清單上徘徊的專案。做得好！

只有在**心態**和**環境**準備妥當之後，你才可以進入下一節。記住，心態是基礎，而環境是建立在這個基礎上的結構。現在，該是更進一步的時候了。

確保生產力！即使床就在你旁邊

“

無論是在任何一本有關完成更多工作和更成功的書中，生產力都是最性感的部分。有些大師自稱是生產力相關技巧和策略的專家，而我並不是其中之一。記住，我不是你的大師，只是一個嚮導。

本節中的建議是我自己嘗試過、真實的、簡單的原則，可以在更短的時間內完成更多工作，並讓完成工作的過程更加順利。與其說我們在訓練自己做更多事，不如說是「用更少的時間完成任務」，這很重要。簡單地做更多工作並不是成功或幸福的關鍵。

相反地，騰出時間來做其他事情才是最重要的。使用本書中的建議來精簡你的工作日。其中一些建議聽起來可能很熟悉：這些建議是用來提醒你，確保你不只是熟悉它們的策略，而是在你的日常生活中真正做到；其他的建議看起來可能很陌生：專注在這些建議上，讓你的信念受到挑戰。正是經由挑戰我們的信念和對改變持開放態度，才會更好，這就是我們所追求的：進步，而不是完美。

準備好了嗎？讓我們開始吧！

”

技巧40 遠離社群媒體

社群媒體的設計是為了分散我們的注意力。
老實說，你每天花多少時間在社群媒體上？

與業務相關的社群媒體工作，和在Instagram上閒逛、發佈貓咪影片是有區別的。除非你想一頭扎進無盡的蟲洞，否則在工作時間不要使用社群媒體。就其本質而言，社群媒體是為了分散我們的注意力。電腦演算法每時每刻都在努力尋找下一個影片、廣告或貼文，放在我們面前，讓我們去點擊、訂閱、關注或參與。

基本規則：在工作時最好避免使用社群媒體。當然，還是可以使用社交媒體進行研究或傳遞重要資訊。而如果你所從事是社群媒體經理之類的工作，那麼請忽略這個建議。

如果你覺得完全抗拒社群媒體很困難，可以考慮每天給自己一到兩次短暫的休息時間來檢視社群媒體。但要簡短，並堅持在規定的時間內完成，否則……就會出現蟲洞。

就我個人而言，我每天在社群媒體上的花費的時間不到十分鐘，我知道這很奇怪。但當我花很少的時間在Facebook或Instagram上，我的狀態是最好的。偶爾，我會被拉進漩渦，當我發現被捲入蟲洞時，我的工作效率和快樂程度都降低。我知道自己在這方面有點不尋常，但弄清楚個人極限是件好事。

技巧41 「多工」是個壞主意

多工處理乍聽之下很有趣，很刺激，但事實上很少奏效。你如何淪為多工處理神話的受害者？

我在二十多歲時，花了大量時間思考多工處理的問題。不是說我有多擅長，或者它如何幫助我變得無比成功；反之，我想知道為什麼自己在這方面做得如此糟糕！我總是聽到別人說，最好的多工處理方法是「多」，但我從來沒有掌握到這個技巧。每次我想把幾件事情合併成一個任務，或者一邊聽寫電子郵件，一邊整理檔案，我都會在其中一個方面慘敗，更常發生的是兩方面都失敗。

事實證明，這並不是我的問題。同時進行多項任務只是神話！不要聽從任何人的相關建議。確認你來完成一項任務的時間，並把全部精力和注意力放在它身上。然後再繼續做其他事。

避免（試圖）多工處理的陷阱，不僅是速度問題，也是品質問題。想想看，你想讓外科醫生同時處理多項手術嗎？飛行員或你的UBER司機呢？你的工作和他們的工作一樣重要，所以要給予工作應有的關注。

技巧42

「批次處理」的奇蹟

批次處理能在更短的時間內完成更多工作。
如何在工作日中引入批次處理？

如果「多工處理」是一個神話，那麼「批次處理」可能是你無意間錯過的良方。批次處理是個計畫過程，將類似的活動組合在一起，以提高注意力和生產力。這取決於什麼事在哪個特定時刻最讓人分心，或需要最多的注意力。

大多數人在各種任務之間來回跳動，毫無頭緒地從一件事跳到另一件事，而在家工作，身邊不只有五花八門的任務，更有各式各樣逼你分心的事物。

批次處理是一種控制時間表的方法，使你能夠在一天內完成更多工作。

任務分批的過程非常複雜，而且有很多專家比我更了解這個問題。我可以告訴你的是：**從小事做起**。例如空出時間檢視電子郵件。當回覆郵件時，我只做這件事，不要被社群媒體或電話分走心神，專注回覆電子郵件這件事，就可以在三十分鐘內回覆更多的電子郵件。

你多久檢查一次電子郵件？你能把次數壓縮到每天一到兩次嗎？一天當中哪一部分是用來開會？擬訂計畫？整理待辦事項清單？在你的日曆上設置提醒並堅持下去，然後重複進行。確定舉行會議的特定時段，使用線上日曆工具（第六十三章），讓自己有足夠時間。然後，也為其他常見的、重複性的任務設定時間。很快地，與你共事的人就會被訓練成功，只在特定時間向你提出相對應的任務。

何時做事比如何做事更重要。

無論在家工作多久，無論工作是什麼，有一點是相同的，那就是：把任務分成可管理的小部分，這麼做可以節省並幫助你在更短的時間內完成更多的工作。

進階建議

請看第六十四章，當你了解到重複性工作外包時，你會大開眼界。向更多的時間和金錢問好，向大量的工作告別。

技巧43 別讓手機吵你

你每天要看多少次手機？

把你的手機調到靜音狀態，可以消除最有力的分心因素之一。

如果你是一個整天講電話完成交易的銷售人員，那麼請跳過這個提示。但除此之外，請留意。

不管你怎麼解釋，當你在家工作時，手機都不能讓工作更有效率。無論是在社群媒體上簽到，給你的閨蜜發短訊，還是狂看有趣的 YouTube 影片，這都只是分心，阻止它。

當然，完全不看手機也是不合理的。解決這一點的方法是：走進家庭工作區時，把手機設定成勿擾狀態，並在預先設定的時間間隔內檢查它。與批次處理類似，你要在任務之間留下幾分鐘空檔（也許是休息的時候），看看提醒和通知。你會發現這能最大限度地減少分心，集中精力。

如果你擔心錯過重要的電話或依賴你的人的訊息，請建立一個替代的聯繫方法。你也可以在智慧型手機上設置重要來電名單，這樣即使你的設備處於靜音或勿擾狀態，你仍可以接到或收到某些人的電話和簡訊。

重點是：試著完成工作時，拒絕被不斷地打擾，但也不要讓人覺得永遠無法聯繫到你。

進階建議

使用手機的分析功能，看看每天查看手機的次數與時間。嘗試在幾天或幾週內減少這個數字。

技巧44

別讓你的待辦事項清單狂奔

你的待辦事項清單有多長？

如果你的待辦事項清單看起來更像是雜貨清單，那麼，是時候控制它了。

建立待辦事項清單是科學和藝術的結合。多年來，我做過許多嘗試，終於找到最適合我的方法。以下是我的最佳秘訣：

▼ 紙質或電子：有些人喜歡數位清單，可能會在電腦或手機上使用任務管理工具或記事本應用程式。其他人則喜歡老式的紙本檢查表。挑選最適合你和你的環境的選擇，然後堅持下去。

- 從有趣的事情開始：每天待辦事項清單上的前幾件事應該是你喜歡的項目，而且相對容易快速完成。對我來說，就是寫日記和檢查前一天的銷售數字。
- 委託和外包：一旦你完成了一些簡單、快速的任務，檢視你的清單，並花一些時間將部分任務委託給其他人完成。儘早把這些任務從清單上刪除，讓別人在你專注於只有你能做或該做的任務時，同時進行這些工作。
- 找到重要的事：對我來說，重要的任務最好在一天的中間部分進行，包括重要的會議和計畫會議。找到你一天中最有生產力的時段，然後完成這些任務。
- 在一天結束時整理你的清單：在一天結束的時候，花幾分鐘時間回顧已經完成的工作。重新確定在第二天剩餘任務的優先次序，這樣你就能以一頁全新、乾淨的清單開始新的一天。

有意識地思考待辦事項清單上的專案和工作時間，將使工作效率更高。也不要忘了休息和工作過程的樂趣。記住：如果你不計畫，樂趣就不會發生。

技巧45

有效管理在家工作的員工

管理遠端員工帶來新的挑戰。怎樣才能在不破壞士氣或信任的情況下，掌握遠端員工的情況？

當二〇二〇年的大流行來襲，朋友們第一次進行遠端工作時，大多數人都泰然處之。然而，經理階級卻被嚇壞了，彷彿肯定會發生他們最擔心的狀況：人們整天穿著內衣坐在沙發上，狂看 Netflix 和吃冰淇淋不工作。但他們很快發現，這些憂慮毫無根據。

這並不意味著管理遠端員工不存在挑戰，當然有。然而，成功的公司多年來一直這樣做，不僅為員工，也為公司的獲利帶來巨大的成果。這裡有幾個建議可以幫助你有效地管理在家工作的員工：

① 根據結果而不是時間來衡量。

很多人和公司在這一點上都做錯了。有些行業根據時間來衡量生產力是合理的，律師和治療師就是其中之一。但對於其他大多數人來說，用這種古老的方式決定生產力和獎勵對任何人都沒有好處。相反地，是要找到基於結果的衡量方法。如果業績最好的銷售人員每天用三個小時完成的交易，比大多數人用十個小時完成的交易多，誰還在乎他們的工時？

② 尋找將公司文化注入在家工作場域的方法。

沒有休息室或飲水機，並不意味著不能有休閒星期五或友好工作場所競賽或儀式。不管是什麼讓你的公司與眾不同，都要想辦法把它延伸到居家工作的員工身上。你甚至可能發現有獨特的機會來發揮創意：例如視訊會議的虛擬背景比賽和萬聖節的寵物服裝比賽。當你的員工感到快樂，覺得自己是團隊的一分子時，他們不僅會更加努力工作，而且會待得更久。

③ 為團隊配備所需的一切造就成功。

我一直認為，身為部門經理，我的首要責任是提供團隊所需的一切，以做好工作並造就成功。當員工在遠端工作時，他可能會需要一台能夠完成任務的電腦、印表機或手機。也可能是訂閱正確的軟體，使他們的工作更有效率。甚至可能是當他們的孩子打斷會議、或當他們的狗需要在不方便的時間出去時，給一點額外的寬容吧，這不是件壞事。

擁抱在家工作的文化，並找到方法充分利用它所提供的自由和靈活性，同時為其固有的挑戰找到變通辦法，若管理者迎難而上，員工的士氣、生產力，以及公司的獲利，都將獲得回報。

技巧46 開會、還是不開會？

許多工作、企業，總是存在太多會議，家庭辦公室也不例外。

如何確定哪些會議是重要的，哪些是在浪費時間？

一般來說，無論是虛擬或是其他場合，透過任務管理工具和應用程式可以更好地處理協作，最終成果會體現在會議室裡。

在確認要進行會議前，我們有一些前置作業。首先，回答這個簡單的問題：這個會議是否有必要，或者是否有更好的方法來完成你的目標？會議最適合用於集思廣益和規劃專案，以及審查這些項目的過程或成果。

為這些重要時刻保留會議，並使用任務管理工具追蹤工作進展。如果需要開會，要確保所有必要的人都會參加，每個人都清楚了解會議的目的，並有機會提前準備。

接下來，**一致性非常重要**。我們都經歷過這樣的情況：也許是清晨，我們剛從床上滾下來，或者是今天的頭髮不好看，或單純不想打開視訊，以目前的狀態面對老闆。

打開視訊參加會議？要或不要？這就是問題所在。

每個會議和情況的答案都不同。**關鍵是讓每個參與的人保持一致**。

沒有什麼比準備好視訊會議，卻發現一半的參與者都關閉鏡頭更令人沮喪。你可能會想，為什麼你花費額外時間做好頭髮、化好妝，為視訊做足準備，而其他人卻像在打一通問候電話一樣？

用影片和音訊進行會議有很多優點，很多溝通都是非語言性的，能夠親眼看見對話者的反應是最好的反饋。因此，花時間事先確定，並讓與會者提前知道，讓每個人都能做好相應的準備。

在這個小節最需要提醒你的重點：事先決定每個會議和小組的規則，並堅定執行。

進階建議

要想擁有最好的視訊會議，燈光和聲音品質也很重要。參考第二十九章和第三十章，確保最佳效果。

技巧 47

善用會議議程

議程可以使會議保持在正軌上。

想一想上次會議出了什麼問題，你（或其他人）希望以什麼方式進行？

沒有議程的會議猶如 NBC 的職場影集《辦公室》（*The Office*）中最糟糕的一集。聽起來像每個人都在同時說話，或者根本沒人在說話，當然也沒有笑聲。

好的議程能夠事先提供給與會者需要的資訊與資料，這樣就可以提前計畫，並做好準備。

會議開始後，還能達到讓討論集中的作用。

會議最後，議程內容能作為後續工作檢查清單，包括行動專案和分配任務給每個人，以及完成或重新討論任務的最後期限。

如果你在主持會議，請使用議程。如果你只是參與者，向組織者建議議程，或主動提出承擔創建和分發議程的任務，會很有幫助。

技巧 48

如何準備會議

花點時間準備會議，增加會議成功的可能性。你可以提前做些什麼來改善你的會議？

你是否曾經出現在一個會議上，感覺沒有人知道發生了什麼？接下來的一個小時只是徒勞的練習，每個人都盯著議程，在列出的項目中打勾。在會議結束時，有大量的行動專案和後續行動……而這意味著什麼？你猜對了，在不久的將來又要開一次會。

多年來，我學到的技巧之一就是：花時間為會議做準備，這讓我受益匪淺。

準備明確的議程，並事先提供給與會者，讓他們有為會議準備的機會。花時間思考主題，就有可能在會議上真正完成任務，而不僅是討論。以下有一些提示：

① **通讀議程，挑出你專業知識、經驗或意見的相關領域。**

② 如果需要，在會議之前提出一些試探性的問題，收集更多資訊。這可能包括聯繫同事、供應商或其他信賴的人。

③ 預測可能出現的問題，準備好討論包括與你自己不同的其他觀點或意見。

④ 當會議期間可以作出決定時，就做出決定。只留下那些需要進一步研究的專案，或缺乏共識和沒有明確決策者的專案，在會後或下次會議跟進。

遵循上述提示並為會議做準備，會使你的工作更有效率，也會免於因無用的會議而感到沮喪。無論你是會議領導人，或是位階最低的工作人員，當你為會議做好準備時，其他人會注意到，下次他們也可能會提升到你的水準。

進階建議

最好是提前幾分鐘為會議做好準備。這讓你有機會確定技術設備是否正常運作？看起來如何？以及手邊是否有這次會議所需的一切資料。我還喜歡思考會議期間可能會發生的、讓人分心的任何問題。狗需要到外面去嗎？孩子們需要什麼嗎？我的伴侶是否知道我正在進行視訊會議，以免穿著不合適的衣服闖進來？我的「請勿打擾」牌子是否掛在門外？為一切做好準備。

技巧49 測試連線速率與頻寬

頻寬是生產力的天花板。如何測試網速？多快才算夠用？

我們都有過這樣的經歷……痛苦、緩慢的網路連線。

有一次，我正準備舉辦一場網路研討會，這是迄今為止最大的一次，有一千多人報名參加，突然間我注意到聊天室有狀況：沮喪訪客的留言爆炸性增加，網路連線出了問題。在網路研討會的前十分鐘，我痛苦地坐在那裡，無助地看著旋轉的死亡彩虹圈，因為我的連線一次又一次掙扎，試圖連接到網路研討會軟體，這真是太尷尬了。

多數人都知道，開始在家工作之前，一般家庭的連線速率對偶爾瀏覽網頁和社群媒體綽綽有餘。然而，家庭辦公室的運作，可能要耗費更多的時間和資源，尤其是在多個在家工作的人同時競爭頻寬的情況下，就會出現技術問題。

請記住，以視訊通話為例，你發出的資料和你輸入的資料一樣多。因此，如果你的下載速度快，但上傳速度慢，問題就會一直存在。網速因地理位置和不同地區的服務選擇會有極大差異。測試你的連線，並採取簡單的步驟進行改善，你就會知道自己在做什麼。

測試網速的簡單方法：

▼ 首先，確保是網路而不是其他問題。檢查所有的網路接頭是否都正確插好。

▼ 第二，上Google「網速測試」。測試結果將告訴你連線速度的讀數。在這之後有兩個選擇：

① 為了提升速度，可以嘗試將電腦直接連上路由器。或者坐在離路由器更近的地方；又或者把路由器移到離工作區域更近的位置。

② 如果你已經有一段時間沒有設置網路連線，可以打電話給網路服務商，詢問他們

關於新的網路問題。上網速度方案總是不斷更新，但如果你不問，就永遠不會知道。每隔一、兩年尋找最佳方案也是一個好主意。你可以得到更快的連線速度，同時節省月租費。

你真正需要的網速是多少？我的設置是每秒 500MB 的下載速度，但我的需求沒這麼高，很少達到這個速度，通常是到每秒 288MB 下載和 220MB 上傳，這似乎是我的甜蜜點。幸運的是，那次網路研討會的淒慘狀況——再也沒有發生了。

進階建議

根據正在進行的工作，上傳速度幾乎和下載速度一樣重要，特別是對於視訊通話。大多數人關注的是下載速度，而不是上傳速度，但如果正在進行 Skype 或 Zoom 通話，提醒你，你正在以相同的連線推送資料，所以在排除故障時，也要注意上傳速度。

技巧 50

投資一台優秀的路由器

路由器（Router）是必要設備。

你的路由器能完成任務嗎？

那個連接牆壁的黑盒子，你從來沒有碰過，直到你的網路要斷了，你才會說：「我的路由器到底在哪裡？」這就是路由器。

你的路由器可能在註冊網路的時候，由網路服務商提供，或者已經自行購買。無論是哪種方式，它都會影響無線網路（Wi-Fi）的連接速度和可靠性。

沒有什麼比不可靠或純粹緩慢的網路連接更令人沮喪了。請參閱第四十九章，了解測試和改善網路連線的技巧。與速度同樣重要的問題是：一旦連線進入你的家庭，會發生什麼事。投資一台好的無線路由器並改善設施，能夠完成更多工作，並減少對網路的擔憂。

我的經驗法則是這樣：如果你的路由器使用超過三年，該是時候更換了。技術每天都在變化，路由器可能在短短幾年內過時，無法處理最新的技術和更快的速度。在購買路由器時，不要吝嗇。那些有網狀技術的路由器可以穿透牆壁和地板，提供更好的連線品質。

現在，許多人可以用無線網路分享器補充這部分的需求，將信號進一步傳送到離主連線更遠的家庭區域。

進階建議

如果要製作大量的影片，或進行其他資料密集型的工作，可以考慮將路由器放在與家庭工作區相同的房間，並直接接上電腦，就可以擁有最快速度。

技巧51 一台好用的家用印表機

糟糕的印表機可能會讓你陷入困境，或者付出巨大的代價。

哪種印表機適合你？

在數位時代，沒有那麼多需要列印的紙張，但在你真正需要時，印表機就會變得無比珍貴。沒有什麼比在你超級需要時卻沒有印表機更令人討厭了。

一台可靠、具備所需功能的印表機是在家工作的必備品。你不會想浪費時間處理卡紙或墨水不足的問題，也不會想每次需要掃描文件時都要出門一趟。挑選一台墨水充足、能夠列印彩色和灰階、同時具備最基本掃描功能的印表機吧。

接下來，確保有備用的墨水匣和大量紙張。將印表機放在方便使用但不礙事的地方，例如房間的角落。如果你的辦公室是臥室，就放在壁櫥裡。現在有許多無線印表機，要隱藏它的存在就更容易了，我甚至看過有人把印表機藏在梳妝台的抽屜裡。其實只要把它放在桌子下，不佔用空間，在你需要的時候能夠搆得到就好。

對於不同的人來說，這或許並不重要，但無論是誰都可能突然需要列印一些文件，某些類型的企業甚至需要經常使用印表機（例如，列印貨運標籤）。無論哪種情況，都應該買一台適合工作的印表機。

另外，在挑選印表機時，要注意墨水的成本。

大多數印表機都會補貼墨水錢，以使印表機的售價降低，因為製造商知道，他們絕大部分收入來自於墨水匣。如果為了節省選擇便宜的印表機，但隨後要掏出更多錢購買墨水匣，那麼最終花的錢，可能比一開始就買一台稍貴的印表機要多得多。

進階建議

如今，傳真幾乎消失了，但偶爾也會出現需要傳真的情況。在iOS和Android設備上都有免費的應用程式，可以從智慧手機上掃描檔案和傳真。在應用程式商店中搜索並下載吧。

技巧52 你會需要兩個螢幕嗎？

該如何配合工作適當調整螢幕？

你並不拘泥於電腦配備的螢幕。但在家庭辦公室裡，魔法發生在螢幕上。或是說，發生在螢幕們上。

除非你是位還沒有進入廿一世紀的漫畫家，否則至少會有部分工作必須在電腦上完成。而電腦中最重要的部分就是你的螢幕。

我只在筆記型電腦上工作，有時它是我的全部，例如旅行時。當我在家時，理想的情況是：把筆記型電腦連上大螢幕，這樣就有更多空間。大多數人會認為，筆記型電腦就是工作的全部；或是如果使用桌上型電腦，就用一起購入的螢幕。雙螢幕曾經被視為軟體工程師和電影編輯的奢侈品，但現在可以輕鬆擁有。用更大、更好、甚至多個螢幕來工作吧！

唯一的準則是，你應該確保螢幕與工作匹配。

也許你只需要基本功能，例如檢查電子郵件或安排社群媒體發文。在這種情況下，只用現有的任何螢幕或電腦附帶顯示器即可。但如果要進行資料登錄或處理大量試算表，更大的螢幕、甚至是兩個螢幕的配置可以帶來更多好處。

正確設置螢幕能夠容納更多內容。如果要同時處理很多事，例如比較草稿，或將資料從一個應用程式輸入到另一個應用程式，雙螢幕將使你更不容易陷入混亂，以至於消耗專注力。

進階建議

不要堅持於你目前使用的任何螢幕展生品牌或尺寸。現在的螢幕很便宜，升級到一個更大的螢幕，或多個螢幕，只需花費一台新電腦的一小部分費用就可以完成。花點時間思考你所做的工作，並根據情況進行適當調整吧。

技巧53

不要出門採購

訂購辦公用品，並讓廠商送來，而不是浪費時間前往商店或賣場。

如何透過送貨到府節省時間？

你每週或每月花多少時間在商店裡採購？如果你的回答是「我總是去實體店採購」，那就別再浪費時間了！紙張、墨水和其他辦公用品可以輕易在網上訂購並直接送貨到府。事實上，我發現網路價格通常還比大型辦公用品店低。

當然，現在你在家裡工作，你需要的不僅僅是辦公用品。雜貨、衣服、寵物用品，甚至家庭用品，都需要定期採購。試想，如果讓這些物品送貨到府，你能節省多少時間。記住，我們的目標不是要成為一個從不出門的隱士，重點在於節省時間並有效利用。

技巧54 不要去郵局

跳過郵局可以節省大量時間。
不過，如何在家裡處理郵件？

我不知道其他地方是怎麼樣，但在我的住處一英里內有兩間郵局。然而，每次我冒險進入這個可怕、過時、不友好的深淵時，都要花費至少一個小時。每年有一、兩次我會出現在郵局，對商家送來的大量包裹和郵件感到驚訝。各位企業主，你們在做什麼？這是專屬於你們的建議。

說真的，如果每天或每週都在浪費時間去郵局，請停止這樣做。我們可以透過網路為需要發送的任何東西列印郵資，無論是信件還是包裹，也不管是每天還是每個月只有幾次，不要再在郵局裡浪費時間了。

在可以代為投遞郵件的物流公司建立一個帳戶，買一台便宜的秤，你可以在家裡列印郵資貼紙。對你的郵遞員好一點。不管是取件或是寄送，你都可以在家裡做好所有的前置作業。如果你的郵件需求比較固定，或者包括不同的承運人和包裹類型，在美國，像Ship Station就提供只需點擊幾下滑鼠就能完成所有工作的服務，甚至可以自動處理電子商務商店的運輸事宜。

當然也有例外。也許你有個需要檢查的郵政信箱，而且是工作的一部分？若是如此，請忽略這個建議。然而，對於大多數人來說，郵局是我們應該儘量少去的地方——如果非去不可的話。

技巧 55

你真的需要VPN嗎？

VPN是有用的安全工具，但也可能妨礙生產力。要怎麼做才能更好地使用你的VPN？

如果你從未聽說過VPN（虛擬私人網路），可以跳過這個建議。但若熟悉這項技術，你應該了解它的工作原理和限制。

例如，如果你人在海外，可以使用VPN從你的國家狂看Netflix；但通常人們使用VPN是為了安全目的或隱藏位置。雖然在許多情況下很有用，但VPN也會導致連線速度變慢，特別是在使用視訊通話或觀看串流媒體時。

在居家辦公成為普遍現象之前，許多公司強制要求使用VPN以保護資料和隱私。如果你的公司如此，那沒話說。但如果可以，我建議重新評估這些政策，只在必要時使用VPN。

對於需要保密和安全的專案，使用VPN是很好的選擇。但如果只是向同事發送電子郵件，這可能是個不需要的麻煩。在大多數日常工作中，擁有VPN並不是必要的，但能夠了解VPN很好！

技巧56 永遠不要忘記「備份」

如果我有學到什麼教訓，那就是：科技會讓人失望。考慮到這個失望，你需要什麼樣的「應變計畫」？

手機會壞（或掉進馬桶），網路連線會崩潰，檔案會損壞，或者遙控器會被狗吃掉。我不必一一列舉，你可能也有一些被科技打擊的歷史。

當你理解科技有時會讓人失望，我們能做的最好打算就是制定計畫對應。你不可能總是預測未來，但你可以提早準備。

例如簡單確保與你有重要視訊通話人員的電話號碼，或將檔案備份到雲端。大公司對此有一個術語：應變計畫。這裡有些關於應變計畫的建議，以便不可避免的情況發生：

- 買一本通訊錄（老式紙質通訊錄）或一台旋轉式名片整理架。
- 將檔案備份到雲端。
- 買一台外接硬碟。
- 備用多種與他人聯繫通訊方法。
- 留下舊手機，這樣當慣用手機壞掉時，就有一台備用手機。

雖然不需要擁有所有的科技設備，但你肯定該有個應對對策。

進階建議

在有幾個Podcast因為停電而不得不重新錄製後，我終於買了一台不斷電系統（基本上是台內置電池的湧浪電流保護器）。如果電源中斷，內建電源能讓所有器材繼續運行至少一小時，這樣就可以及時完成手邊的任務。如果停電時間超過一小時，不斷電系統就幫不上忙，但至少有足夠的時間結束正在進行的工作。

技巧 57 良好的電子郵件衛生習慣

就像人要洗澡，電子信箱的衛生也很重要。

你的收件匣中有多少未讀郵件？

我必須承認，我可能沒有資格就這個話題發表意見——哪怕只是一篇感性的文章。目前我的手機「收件匣」未讀數量約為八萬封（在過去兩年裡，這個數字已經大幅下降）。我一直不善於保持收件匣的整潔。

在光譜的另一邊，那些把清理收件匣做到極致的人被稱為「零未讀收件匣」。他們有種超能力，能夠閱讀、回覆、分類和歸檔電子郵件，所以在一天結束時，他們的收件匣中沒有任何未讀電子郵件。我真的很佩服。

一想到收件匣裡沒有八萬封郵件，我就覺得很有吸引力，但我不是那種人。我所能做的就是整理郵件，學會挑選重要郵件而忽略其他的。缺點是我有時會錯過一些訊息，因為我似乎只能刪除垃圾郵件、廣告，以及有信心永遠不需要再看到的。但是，如果你願意向「零未讀收件匣」邁進，或者至少馴服「零收件匣」這頭野獸，以下有幾個實用的建議：

① 取消訂閱垃圾郵件。如果從不打開，為什麼要讓它們繼續填滿你的收件匣？

② 為需要保存的郵件建立資料夾，一旦閱讀或回覆這些郵件，就把立刻歸檔。許多程式都提供自動化服務，例如Gmail，能自動過濾郵件，使歸檔變得簡單。

③ 收件匣中只保留未讀郵件和需要採取行動的郵件，快速瀏覽後就能知道你有哪些未完成的工作。

④ 利用技術：自動回覆、假期提醒以及電子郵件分類和歸檔工具，可以幫助你減少手動操作，保持收件匣的整潔。

如果你每天花兩個小時以上的時間閱讀、回覆或處理電子郵件，請考慮將這些工作外包。除非這是你的核心工作職能（你為你的老闆做的，等等），否則電子郵件會成為巨大的時間殺手。

在我的職業生涯中，曾經每天收到近五百封電子郵件，其中至少有一百封是重要、需要採取行動的通知。我很快就把這項任務外包，騰出三到四個小時的時間，用在我真正擅長的其他重要工作上。

技巧 58 管制標籤頁數量

在同一時間打開太多的標籤頁可能是生產力殺手。你的電腦上現在打開了多少個標籤頁？

這個世界上有兩種人：一種是每次只在電腦上打開幾個標籤頁；另一種是像我這樣的人——有多少就開多少。我會看一個標籤頁，然後說：「好吧，我以後可能需要這個。」而在這之前，我已經打開三十個標籤頁。這很荒唐。

如果你是後一種類型的人，請理解：在電腦上打開太多的標籤頁，真的會使電腦變慢。電腦會找到辦法告訴你：你正在挑戰它的硬碟極限。對我來說，當Chrome瀏覽器完全崩潰時我就知道了。每台電腦都不相同，但是如果能在筆記型電腦後面煎熟一顆該死的雞蛋，那就表示已經過載、極度過載了。

盡量限制在任何時候打開的標籤頁數量，只打開重要的頁面。其餘的請點擊瀏覽器位址欄上的星形按鈕將頁面加入書籤。如果有必要，你可以重啟電腦，並迅速重新打開每天需要使用的四、五個頁面。你會發現，這有助專注於手頭上最重要的工作。

一旦完成一項工作，就關閉所有與之相關的標籤頁。這感覺很好，就像解決了一條待辦事項。

如果你覺得很難下定決心關閉標籤，有一些應用程式能夠提供協助，使標籤頁標籤留在瀏覽器上，但「暫停」讀取，並在一定時間後失去作用，不佔用硬碟處理能力，大大加快和提高電腦性能。

技巧 59

使用進度管理軟體

進度管理軟體可以節省時間，並使你有條不紊。

你需要哪些軟體幫忙追蹤進度？

如果企圖只依靠電子郵件和會議來保持你和團隊有條不紊地進行工作，這可能會失敗。電子郵件很適合發送、接收檔案以及正式溝通。然而，使用進度管理軟體，能幫助你和團隊更好地溝通與合作，輕鬆追蹤和處理大多數人工作日的日常任務和專案。

多年來，我一直使用進度管理軟體幫助我維持工作程序，減少重複性工作，並完成更多工作。

我承認，一開始我並不是這些軟體的「早期採用者」，但親身體驗使用這些軟體取得的進展後，我成為進度管理軟體的信徒。

我可以輕易看到需要進行的專案，或者其他團隊成員遇到的問題、可能需要哪些協助。

現在有大量不同的任務管理工具可以選擇。其中最主要的幾個是 Trello、Slack 和 Asana。它們各有優缺點。如何挑選？哪個適合？取決於正在進行什麼工作，誰（如果有人）參與你的工作，以及如何消費和處理資訊。Trello 很適合管理團隊中具有各種不同時間線的大型任務。Slack 主要是通訊工具，不需要塞爆對方的收件匣就能保持組織和團隊溝通。

我最喜歡的任務管理工具是 Asana。它結合 Trello 和 Slack，具有專案管理和通訊功能。它之所以成為我的首選，是因為使用清單比視覺上的工作卡更容易讓人興奮。這很不尋常，因為我是非常直觀的學習者。但不管是什麼原因，比起 Trello 或 Slack，我的大腦更適合使用 Asana。

每個人都有不同的學習風格。你可以測試各種工具，找出最適合自己的方法。你或許也會需要因應不同的團隊需求，使用不同的軟體。這有時有些煩瑣，但這時，你需要的或許是耐心與對於新科技的好奇心。

進階建議

我使用 Google 提供的工具進行所有的文字處理和試算表等工作。我已經許多年沒有打開過 Word 或 Excel 了。透過利用 Google 的線上雲端工具，我可以在任何地方打開檔案，並輕鬆與我的團隊分享和協作。最重要的是，它是免費的。

技巧60 選擇正確的溝通工具

溝通的工具有很多，在某些情況下，有些工具比其他工具更好。

你是如何與他人溝通？是時候做出改變了嗎？

正確的溝通方式是管理工作日的關鍵，而不是反客為主。你在工作中最常使用的溝通方式是什麼？我聽到電子郵件了嗎？

最近的一項研究表明[2]，企業員工平均每天花費五個小時處理電子郵件，超過一天工時的一半以上。你在跟我開玩笑嗎？快停止這種蠢事！

電子郵件絕對會扼殺工作效率，對清楚溝通、速度和士氣更是不利，要尋找其他替代方案。使用進度管理軟體處理正在進行的專案，而不是使用一英里長的電子郵件往來紀錄。比較好的做法是使用聊天應用程式，例如Voxer、Slack，或其他可以處理簡單問題的對話通訊工具，例如直接打電話或視訊通話。甚至更好的是，在可能的情況下，當面對話，然後再用電子郵件跟進，以確認討論內容或最終交易結果——如果真的有必要。

把電子郵件留給重要的事項：例如，官方介紹，或與重要的法律、財務交易的溝通。在我看來，電子郵件應該取代郵寄給別人的實體信件。問題是，對我們大多數人來說，它也取代了電話、短信、聖誕卡、對對面的同事大喊大叫等等。

你可以為工作選擇更合適的溝通方式。來吧，現在就開始吧！

2 Abigail Johnson Hess, "Here's How Many Hours American Workers Spend on Email Each Day," CNBC, September 22, 2019, https://www.cnbc.com/2019/09/22/heres-how-many-hours-american-workers-spend-on-email-each-day.html.

技巧 61

如何處理那些重複的事？

建立週期性日程表，讓最重要的事情總是能夠完成。

你的每週時間表會出現哪些工作？每一天的清單上會出現哪些工作？

花時間看看每天的時間表，它能說明什麼？你是否讓自己的時間發揮最大功效？對於大多數人來說，答案是大大的「否」！這是因為我們通常必須在任何特定的時間內，對最重要的事情做出決定。客戶不高興了、老闆緊張了、同事抱怨了、今天下午要交的報告……

現實情況下，大多數人每天都有充足的時間來完成所有的事，甚至留有餘裕。重要的是我們該如何管理這些時間。

看一眼日程表，你可能會注意到一些反覆出現的事，有時是每小時、有時是每天、也許是每週。常見的重複性工作包括發送電子郵件、輸入資料、下訂單，或檢查項目進度。將這些事歸入週期性日程表，分配適當時間完成可預測且反覆出現的任務。

設置週期性日程表，你將確保這些任務在最方便和有利的時候完成。與其試著在週五下午做報告，不如騰出時間在週二上午來做。與其在週末回覆語音郵件，不如在每天上午預留幾分鐘處理。提前為重複性任務做好安排，就能更從容地處理每個工作日中的突發狀況。

技巧 62

「自動化」

自動化可以讓你的每日工時減少一小時或更多。自動化的流程是什麼？

你最後一次開支票、把它放在信封裡、貼上郵票、寄出去支付帳單是什麼時候？你最後一次打電話給旅行社計畫商務旅遊又是什麼時候？

幾年前，這些事情還是許多辦公室人員的日常。但科技日新月異，自動化的誕生，使這些舊事物不復存在。

新技術讓耗時的工作自動化。一般情況下，人們對擁抱自動化猶豫不決，因為擔心自動化可能取代他們，或使他們的工作變得不重要。我誠摯邀請你用不同角度來思考這個問題，我希望你能接受，自動化是一種節省時間的工具，能讓我們騰出更多時間專注其他更重要的事。

讓我們面對現實吧，技術會持續進步（包括自動化）。忽視它們只會更容易受到影響，包括工作變動，甚至失業。擁抱它們可以讓我們在餐桌上保留一席之地。當我在電視台工作時，自動化是個熱門話題。新技術的出現使我們用更少的人進行現場直播：機器人攝影機、自動開關的麥克風、自動播放的音樂。大多數人反對自動化，因為擔心自動化會取代他們，我理解這種恐懼。但某些人不這麼想，並且選擇擁抱自動化。

畢竟，新的技術帶來新的挑戰和機會。這些機器程式需要人為設計，人為操作，更需要人工維修。

和我一起工作的攝影師受到自動裝置普及的驅策，回到學校深造，並獲得氣象學學位。他現在是一名電視氣象學家，收入是以前的好幾倍。如何接受自動化，並解放你的時間？可以利用這些額外的時間做什麼？讓自己變得更搶手，賺更多的錢，並享受更好的生活？

這裡有幾個想法適合邁出第一步。

- 電子郵件和通訊工具
- 旅行計畫和預訂
- 報告的製作和分析
- 預算和財務資料
- 時間表的準備和變更
- 庫存計畫和訂購

有一些方法可以將自動化納入我們工作的方方面面。關鍵是要擁抱它們，不要害怕恐懼；將自動化視為巨大的機會，而不是威脅。

技巧 63 使用線上排程工具

有什麼改變能確保控制你的時間？線上排程工具能夠做到。

這聽起來可能很熟悉。

「哪一天方便？」「什麼時間？」經過一萬八千次反覆，你終於敲定一個日期，但卻發現他們在不同的時區！現在又得重新開始了。

試圖與一個同樣忙碌的人協調交談非常費時。在家工作的某個階段，你可能會意識到有更多的事可以在一天內完成。幾年前，當我的生意真正開始起飛時，這天就降臨了。我意識到花費太多時間在會議上，安排會議、重新安排會議，我不敢奢望自己不再錯過一個會議或重要電話，因為我總是忘記甚至來不及把它放進行事曆。

這時，線上排程工具拯救了我。我強烈建議使用線上排程工具，這會讓日程管理變得輕而易舉。在寫這篇文章時，ScheduleOnce 和 Calendly 是比較主流的選擇。這些神奇的現代奇蹟讓你可以向任何需要與你約時間的人發送日曆連結，應用程式會進行時區計算。你還可以控制提供的時間，以及大量的選項，例如為即將到來的會議發送提醒。如果有必要，甚至可以自動重新安排時間，盡量避免在只有你一個人的 Zoom 會議中花費十多分鐘等待。排程工具對我而言是遊戲規則的改變，它釋放了我一週中耗費在試圖管理日程的時間。

無論你是否在家工作，時間管理都非常重要。你會發現，使用類似的工具對管理時間大有幫助。

進階建議

如果你要使用類似工具，請花時間正確設置它，並設置空檔。例如，我的設置是：如果我想進行十到十五分鐘的簡短對談，我可以向人們發送連結；若是我想與之交談一個小時或更長時間的人，我則發送不同的連結。

技巧64

把重複的工作丟出去

外包是釋放時間去做更重要工作的好方法。你可以將哪些工作外包出去？

我工作創業很多年，但我只花幾週時間就意識到：我每天有很大一部分工作是重複性的。檢查電子郵件、回覆電子郵件、輸入資料、制定差旅計畫，這份清單可以一直條列下去。大多數的人——我當然是其中之一——一天也可能充滿平凡重複的制式工作。

多年來，我只是單純接受這項事實。一直到閱讀了提姆．費里斯（Tim Ferriss）的暢銷書《一週工作四小時》（*The 4-Hour Work Week*）之後，我才開始挑戰改變現狀。提姆每週只工作四小時的秘訣是：將「辦公室工作」中耗時的部分外包給海外工人。隨著時間推移，他獲得環遊世界的自由，過上奢華生活，而每週大約只需工作四小時。

雖然你可能不會完全跟隨提姆的腳步（我也沒有），但其概念是相同的。**確認經常花費時間執行的重複工作，並找出其他方式完成，讓你從每天的重複工作當中解脫。**

或許可以使用自動化和工具（如電子郵件和線上排程）、外包給同事或組織內的其他人——他們應該協助你處理——甚至完全外包給另一個人。無論是謄寫、旅行計畫、資料登錄、客戶服務、專案管理、電子郵件，所有這些事情都可以使用廉價外包，用比較便宜的價格。

我最喜歡的外包工作平台是Taskrabbit、Upwork和FreeUp，適用於任何數量的任務。基於有關保密或專有資訊的規定，外包可能會受到公司的限制，如果你為別人工作，使用外包要謹慎行事。或是考慮一下「家務外包」。你會「喜歡」定期修剪草坪嗎？將這項工作外包出去，每週只需花費幾美元，就可以讓你每個月多出幾個小時陪伴家人，一起做一些有意義的事，或者培養新的愛好。

技巧65 餵養大腦

我們的大腦和身體一樣，需要餵養和護理。

你通常餵大腦吃什麼？

你可能在想。**餵養大腦……你在說什麼？我的大腦不吃食物！**

如果是傳統意義上的餵養，那你說的沒錯。但我說的不是卡路里和蛋白質的滋養，而是資訊。

無論是有意識或是無意識，我們每天都為大腦提供大量資訊。

我們所讀、所見、所聞，所有資訊都會影響我們的思維方式、感覺和行為。我們在社群媒體上關注的人可能對我們的生活方式產生很大影響。

花一、兩分鐘思考一下。你提供給大腦的資訊是否讓你更快樂、更有成就感？是否有助於形成積極的人生觀？還是讓你失望，讓你感到憤世嫉俗和悲傷？是否讓你想蜷縮成一團，忘記一切？

當我思考我給大腦提供什麼時，我會問自己幾個簡單的問題。

① 這是問題的一部分，還是解決方案的一部分？

② 這將使人成長還是使人墮落？

③ 十年後我會依然為這個決定感到自豪，還是有必要與我所消費的內容保持距離？

為了保護自己，審查進入日常意識的資訊對情緒、心態和投入世界的工作非常重要，再怎麼重視都不為過。

俗話說「廢物進，垃圾出」（junk in, junk out）在這點上似乎很有說服力。不服氣？試試吧。在接下來的一週裡，限制你的社群媒體互動，專注於閱讀和花時間在積極的、令人振奮的和有意義的內容上。看看你的感覺如何，然後再自己做決定。

進階建議

許多社群媒體管道允許你「取消關注」他人。這有助於保持聯繫或提供「友誼」的假相，但卻不必看到他們每天發佈的瘋狂貼文。

哪些人是你現在需要取消關注的對象？

技巧 66

喝足夠的水

「喝足夠的水」不僅對健康很重要，對工作效率也很重要。保持水分攝取的最佳方法是什麼？

如果不維持燃料充足，就無法完成工作。任何營養學家都會告訴你，攝取足夠水分與補充營養食品為身體提供燃料同樣重要。普通成年人每天需要八杯八盎司（譯註：約一千八百毫升）的水來保持充足的水分。[3]

這有時被稱為八×八規則。

在辦公桌上放一個裝滿水的瓶子，氣泡水、過濾水、礦泉水，或普通的自來水都行。

有些人喜歡在水中加入檸檬片、奇亞籽（chia seeds）或其他有趣的元素，只要能鼓勵自己適當飲用都好。

水份攝取不足會導致疲勞，使人更易怒。還會對健康產生其他負面影響，如體重增加、頭痛、甚至皮膚暗淡！你需要做的就是提醒自己多喝水。也許在手機上設置一個鬧鐘，或者記錄在記事本上。

進階建議

請注意，八×八規則是只針對「水」這個好東西。在工作期間喝下六罐胡椒博士汽水（Dr Pepper）並不算數。不過，我倒是很喜歡喝胡椒博士汽水！

3 Kris Gunnars, "How Much Water Should You Drink Per Day?" Healthline, last updated November 5, 2020, https://www.healthline.com/nutrition/how-much-water-should-you-drink-per-day.

技巧67 小心地選擇零食

吃什麼零食和什麼時候吃很重要。
老實說，你是否該換掉一些零食選項？

你是否曾經在中午吃了甜鬆餅，然後過幾個小時就睡著了？你需要為身體和頭腦提供燃料，才能讓在家工作的效率最大化。這代表要吃健康的食物，避免癱瘓；這也才能提升我們的工作效率。然而，燃料（食物）其實又因為成分所以存在差異。要特別注意你吃的食物和時間。

營養需求可能因各種因素和具體需求而非常不同，所以一定要諮詢醫生或營養師的具體建議。然而，以下的一般飲食建議已經證明對我有幫助。

① 將咖啡因限制在工作前一或兩個小時。
② 在早上和午餐時限制碳水化合物和糖。
③ 在飲食中增加蛋白質和健康脂肪。
④ 多喝水——通常感到饑餓時，實際上是渴了。
⑤ 準備健康的零食，但不要放在辦公室裡。讓自己離開工作環境、尋找零食，而不是一整天都在吃吃吃。

我喜歡把甜食留到一天結束時當作特別獎勵。如果你像我一樣喜歡吃甜食，這會很值得期待！

技巧 68

記得休息

短短五到十五分鐘的休息時間可以是你的救命稻草。你多久會休息一次？是否需要增加次數？

沒有什麼能比在家工作時，整天坐在相同的地方忙碌——或者更糟糕的「假裝忙碌」——更讓人覺得像是坐牢。途中經常進行短暫的休息可以帶來清新能量，緩解單調的生活，並幫助你重新集中注意力。

這也不一定是長時間的休息。你可以簡單地推開辦公桌，站起來伸展身體、雙腿，或去洗手間。

每隔一、兩個小時休息五分鐘，作為緩解工作的空檔，可以幫助你在電話和會議後重

新組織思緒。這可以是任何改變視景的方式；甚至在房子周圍散步也可以。或者可以從待辦事項清單上選擇一些方便快速完成的事：例如把衣服放進烘乾機、收納碗碟、或者走去信箱拿信。如果你真的很有野心，也可以打個電話給你母親聊幾句。

在工作中完成家務是在家工作的最佳秘訣之一。然而，正如我們在第二十五章中所討論的，要注意不要把家務和工作混為一談，偏離主題。如果你選擇做一些家務作為休息時間的一部分，要有意識地、具體地了解你在做什麼。完成後，再回到辦公室。

利用休息時間複習，或在處理完一直拖延的工作後獎勵自己。不要總是伸手去開冰箱（或拿第十杯咖啡）——休息並不總是意味著吃零食。

你猜怎麼著？你已經閱讀本書達百分之六十八！該是時候休息一下了。

技巧 69

「散步」有什麼用？

走出家門，呼吸一下新鮮空氣。散步如何提升你的工作效率？

我認識一位企業家，他是早晨散步的虔誠信徒。如果詢問成功人士，大多數都會在白天進行身體活動，幫助集中精力，理清思路。

這看起來似乎很簡單，而且確實如此。散步可以為在家工作的你帶來質變。休息一下，伸展雙腿，呼吸新鮮空氣，可以重啟你的思想和身體，使你更有工作效率，同時也是高效的減壓方法。

在家工作可以變得如此穩定，非常了不起。

我記得五年前的聖誕節，那時家中所有人都有Fitbit健身手環。我們很自然地舉辦步數比賽，那是我第一次意識到在家工作者有多不愛動。在比賽中我總是墊底。我不得不下定決心努力——每天站起來走路。

我們應該每天走滿一萬步，但如果在家工作，不容易達到這個目標，那就必須有足夠的運動。

對某些人來說，在工作開始之前，在街區輕快地走一圈就可以了。對其他人來說，在一天中進行一些短暫的休息，讓血液流動起來更符合他們的節奏。或者，也許你能試著到附近的公園散步，紓壓並回顧你的一天，為工作日做個完美結束，同時關閉工作狀態，為晚上的家庭生活做準備。

無論選擇什麼時間都可以，只要讓身體活動至少十五分鐘。這對我們這些在家的人來說尤其重要，所以無論你的風格如何，穿上運動鞋，開始運動吧！

技巧70

每小時做伸展運動

每小時做一次快速伸展運動可以拯救你的身體和工作效率。

為什麼不現在就站起來伸展一下呢？

你是否有過在門鈴響起時，才發現你已經好幾個小時沒有離開辦公桌，甚至沒有站起來過？

在家工作時，很容易變得久坐不動。這在短期內會導致背部疼痛、頭痛和疲勞，長期下來甚至會導致更嚴重的疾病。

簡單的解決方案是每隔一小時站起來伸展一下。這可能看起來很傻，但很有效。在手機上設置鬧鐘，在工作日每隔一小時提醒自己，培養這種習慣。幾天之內，這將成為你的第二天性。你也不必每次都拉伸整個身體。在腿部、下背部、上背部、手臂、手腕和腳部之間交替進行混合伸展。我們所追求的只是三十秒的簡單伸展運動，而不是全套瑜伽！

你會發現身體變得更加健康。在拉伸之後，生產力和動力會有一小段輕微爆發的時間。這甚至可能鼓勵你將拉伸納入鍛鍊和整體生活方式的常規，這也不是一件壞事。

技巧71
鍛鍊你的大腦

鍛鍊大腦和鍛鍊身體一樣重要。什麼是最有效的鍛鍊大腦方式？

既然已經非常注意餵養你的大腦（見第六十五章），現在是時候讓它進入狀態了。是的，你的大腦，就像身體其他部分一樣需要鍛鍊。僅僅日復一日地工作是不夠的。研究表明，重複性的工作實際上會削弱你的大腦。

我們需要給大腦一個機會，讓它真正進入高速運轉狀態：思考、處理和做出決定，以擴展知識。以下幾種是我最喜歡的鍛鍊大腦方法。

▼ **解謎：無論是老式的拼圖還是填字遊戲。**

- 樂高積木：樂高不僅是為孩子們準備的。在過去的幾個月，我和我的夥伴一直在組裝樂高建築系列，這讓我返老還童。
- 閱讀：虛構和非虛構的作品都看。我的祖父曾經稱電視是「傻瓜箱」。我總是想像著，當他得知我在職業生涯的前十年都在那個盒子裡工作時，他會多麼沮喪。我喜歡好的電影或電視節目，但它並不像閱讀那樣吸引我的大腦，幫助我學習。我試著交替閱讀關於我感興趣的非虛構類書籍，接著看些優秀小說來逃避一下。這兩者都是鍛鍊大腦的好方法。

無論做什麼，花同樣多的時間鍛鍊你的大腦，就像鍛鍊身體一樣。你最喜歡的鍛鍊大腦的方式是什麼？

技巧72 讓雙手保持忙碌

讓雙手保持忙碌，特別是在執行創意任務時，這有助於集中精力。

有哪些方法可以讓你的雙手忙碌起來？

也許你的工作需要經常使用雙手。若是如此，可能不會像其他人那樣發現這個建議的實用之處。然而，如果你像我一樣，工作是處理資訊、進行對話、做出決策等等，那麼請保持雙手忙碌。

我在不久前了解到，當我閱讀電子郵件、審查預算或甚至在電話中交談時，用手做一些事可以幫助維持大腦的活力。這幾乎就像是種手動發電，利用手的擺動為我身體的其他部分提供動力——特別是我的大腦。你可能認為我瘋了，但實際上，這是有科學依據的。

用雙手工作與增加記憶力和創造力之間有所關聯。另一項研究顯示，被允許擺弄雙手的孩子比不被允許的孩子學習得更快。[4] 接招吧，麥克勞夫林女士！（她是我五年級的老師，她從來不讓我擺弄雙手）

以下有些我最喜歡使用的東西：

- 迴紋針
- 鋼筆
- 橡皮筋
- 黏土蛋（Silly Putty）
- 培樂多黏土（Play-Doh）
- 指尖陀螺

需要注意的是：當你在進行視訊通話時，別玩這些東西。除非你的攝影機拍不到，否則玩弄這些東西會讓人認為你心不在焉，甚至影響通話。

不過就像是那條你總是該穿上的褲子，誰知道會不會發生任何臨時狀況呢？區隔出來什麼時候你可以伸手去拿這些迷人的小東西，什麼時候你會保持雙手淨空。

4 Sumathi Reddy, "The Benefits of Fidgeting for Students with ADHD," The Wall Street Journal, June 22, 2015, https://www.wsj.com/articles/the-benefits-of-fidgetin-for-students-with-adhd-1434994365.

技巧73 在家工作的八〇／二〇法則

八〇／二〇法則幾乎可以應用於工作和生活中的一切。在家工作時，你可以在哪裡運用八〇／二〇法則？

「帕列托法則」（Pareto Principle），也被稱為八〇／二〇法則，簡單地說，八〇％的後果通常來自二〇％的原因。這個強大的概念可以解釋為什麼八〇％的利潤來自二〇％的客戶。反過來說，它也說明了為什麼客服部門八〇％的負擔來自於二〇％的不滿顧客戶。

八〇／二〇法則的用途和有效性在許多不同的行業和狀況下都可以看見。

那麼，在家工作的八〇／二〇法則是什麼？以下有幾個例子。

▼一天中八〇％的時間花在只影響整體生產力的二〇％的工作上。

▼八〇％的挑戰來自二〇％的任務／專案／客戶。

▼八〇％的生產力是由二〇％的決策決定。

想一想：我的家庭辦公室在哪裡？我在用什麼桌子？我是否為這次會議提前做好準備？

在這章節，你最大的收穫是什麼？這對你來說是很好的複習，使你重新思考對待工作的方式，確保一切都在正確的位置上。

當你實施這些策略來完成更多的工作時，我希望你記住：這不僅僅是為了完成更多的工作，也是為了用更少的時間完成。**時間是我們所擁有的一切中，唯一真正不可再生的資源**。我們只有這麼多的時間，而每個人每天的時間都完全相同。這意味著時間也是我們所能擁有的最寶貴資源，我們需要更加珍惜對待。

今天，你能做什麼來為自己創造更多的時間？你將用它做什麼？如果讀完這部分還有點不確定，下一部分將會幫助你進入核心。

為什麼你要工作？

我曾經認為金錢可以解決所有問題，而後我賺了些錢，但問題仍然存在。只有當我開始思考更艱難、更深入的問題之後，我的生活才開始有了更多意義。

在本部分中，我們將深入探討「目的」。這並不是要深入研究「生活的目的是什麼」的哲學探討。而是「我們做這些事的目的是什麼」，以及我們為什麼要這樣做？家庭、金錢、遺產、幸福等等如何影響我們的工作，反之亦然？

我向你保證，如果你認真看待這些東西，你的生活將會改變。但若忽視它，則會對現在所擁有的事物抱有更高的期待。這有點深奧，但請跟著我。這絕對值得。

你準備好了嗎？讓我們開始吧！

技巧 74

找到你的理由

找到你的理由，然後把目的放在心上。

你的理由是什麼？

為什麼要做你的工作？多年來，我一直在努力回答這個問題。我追逐金錢，甚至是追逐名聲。我夢想擁有一棟大房子，到處旅行，並且永遠不用擔心帳單。

我以為只差一份合適的工作，或者只缺一筆大生意，就能過上我夢想的生活。

幾年前，我開車穿過小鎮去探望九十二歲的祖母，她住在養老院接受專業的輔助與照顧。她告訴我她想吃肋排，所以我帶她去餐廳吃午餐，為她點了一整片肋排，還有她最喜歡的肉桂蘋果派，慶祝她的生日。她拒絕了，她說自己永遠也吃不完一整片肋排，但我堅持，並勸她吃不完可以帶回去當點心。

幾分鐘後，當一大盤肋排放在她面前時，弗莉茨（Fritzi，我們這麼稱呼她）的表情是無價的。就在那時，我明白了，這就是我的理由。自由地與我喜愛的人一起做喜歡的事。

弗莉茨在那次午餐後六個月去世了，我很高興在她最後的幾個月裡，能有大量的時間陪伴她。在家工作使我有能力掌控工作時間，陪伴那些對我而言最重要的人，不錯過任何一場足球比賽和生日聚會、化療或是朋友們的即興「心理健康日」、玩棋盤遊戲或組建樂高玩具。

我弟弟是一名特奧會（編註：即「世界特殊奧林匹克運動會」，係為智能障礙者舉辦的體育活動）運動員，他是我的英雄。每年五月，當他和幾個朋友在奧克拉荷馬的州運動會上比賽時，指導他們成為我在高中和大學期間最喜歡的活動之一，而遠端工作的能力使我持續至今約廿年。每年五月中旬的那一週是我一年中最喜歡的時間。

你的理由是什麼？早起做工作的理由是什麼？如果你從來沒有花思時間考過這個問題，我鼓勵你這樣做：思考原因將改變你對工作的感覺。

進階建議

西蒙．斯涅克（Simon Sinek）有本關於此主題的好書，名為《先問，為什麼？》（*Start with Why*）。在書中，西蒙闡述找到「為什麼」有多麼重要，並提供實用的建議，告訴你如何找到驅動自己的原因。

技巧 75

什麼是你的第一位？

家庭對你的意義是什麼？

無論家庭對你意味著什麼，把家庭放在首位可以釐清每個重要的決定。

「家庭」這個詞，對不同人代表不同意義。我很幸運，有願意支援我的家庭，和家庭中多數人關係都很好。我有一些朋友與親生父母並不親近，但與他們後來的家庭存在驚人的密切羈絆，這同樣是美麗且強大的。

在很長一段時間裡，我的家庭不是我的重點。當我年輕時，我百分之百以事業為重，不明白與最重要的人保持聯繫的重要性。當然，我也會在節假日飛回家，偶爾團聚，但我並沒有特別為他們騰出時間。然而，多年來，特別是在遇到困難和面對壓力的時候，是我的家人──包括真正的家人和認為是家人的親密朋友──始終在身邊支持我。

當你把家庭作為優先事項時，工作和事業就會被放在適當的位置上。選擇變得具體，更容易解讀。家庭成為一項強制功能，一個可以權衡和考慮各種選擇的透鏡。

檢視感恩清單（見第十五章），看看哪些人在列表上？這些人就是你的家人。保護他們，把他們視為優先、甚至是最優先事項。你會發現生活變得更加愉快。

進階建議

如果你與家人的關係不好，那麼，是時候「更新」了。你可能無法與年邁的家人「離婚」，或在法律上與瘋狂、自我中心的兄弟姐妹解除親屬關係，但你可以有意識地努力與那些對你最重要的人相處，並與他們更親近。你感謝這些人出現在你的生活中是有原因的。將他們放在首位以示對他們的感謝。

技巧 76 轉投資你的「通勤時間」

將「通勤時間」投資到真正重要的事上。

你能做些什麼來轉投資通勤時間、並改善生活？

有次我為一個專案雇用一位電視影集導演，但當我知道他的通勤時間後，我感到很沮喪。為了往返電視節目現場，他連續四天來回開車各近兩個小時。

當時，我的想法過於偏頗，認定他會在第一天就辭職，但他沒有。第二天他準時出現，準備工作。他後來表現得很好，但毫無疑問，那是個太可怕的通勤時間。他花費在開車的時間與工作時間幾乎一樣多。

我相信，你們之中的有部份人感同身受。

根據美國人口普查局的資料，在家庭以外工作的美國人平均每天耗費五十二分鐘通勤[5]（也許你就是這樣，直到你贏得在家工作的樂透彩券）。每天多出五十二分鐘——相當於每年總計高達二百二十五個小時！相當於你一年待在車內與交通搏鬥九·三七五天。

如果能夠脫離通勤人生，你打算用這些時間做什麼？更別說你還省下額外的油錢，那些節省下來的資源，你得好好轉投資才行。

從積壓的閱讀清單開始，讀些好書，或參加線上課程，學習一些新的軟體、參加藝術班、寫日記、追蹤新的鍛鍊計畫。

或者你是以家庭為導向，選擇把這些時間投入到你的家庭中，多和孩子們玩耍；或和配偶進行真正的約會；或者乾脆抓緊時間睡個覺、打個盹。

就我個人而言，我喜歡把額外賺到或省下的現金用於三件事：真正的儲蓄和投資，送別人禮物和捐贈給最喜歡的慈善機構，然後是自己的需求，例如我的愛好或想去的旅行。我喜歡繪畫，所以藝術用品總是在我的最愛清單上。

你可以把時間投資在喜歡的任何事物上，就像股票投資組合，你應該使投資多樣化。不一定要執著在金錢上。

進階建議

不要只是增加工作，在家工作可能會導致視野狹隘和過度工作；相反地，應該把時間投資在可以改善自己的事物上，使生活更加愉快。

5 "Average One-Way Commuting Time by Metropolitan Areas," United States Census Bureau, December 7, 2017, https://www.census.gov/library/visualizations/interactive/travel-time.html.

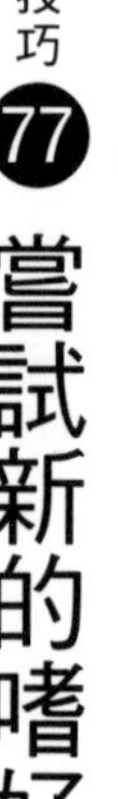

技巧77 嘗試新的嗜好

興趣、嗜好是為生活增加多樣性的好方法。你最喜歡的嗜好是什麼？

除了工作之外，有其他事情可以做是很重要的。平衡的生活包括社會關係、工作和你喜歡做的事。你最後一次嘗試新的嗜好是什麼時候？

以下是我最喜歡的幾個愛好：

- 組裝拼圖／模型／樂高
- 學習新技能（與工作無關）
- 園藝

▼能給我帶來快樂的小型家庭裝修

即使你有一、兩個喜歡的嗜好，我仍然鼓勵你繼續開發一些新嘗試。多樣性是生活的調味——如果你只吃龍蝦，那麼即使是龍蝦也會變得清淡乏味。尋找新的熱情與找到生活目的直接相關。**畢竟，熱情等於目的。**

下週你將嘗試哪些愛好？把它們記在這裡吧：

技巧78 培養問責制

在家工作意味著沒有傳統辦公室的內在責任感。有什麼方法可以培養自己和團隊的責任心？

問責制（Accountability）是你最不想要的。

在典型的辦公室環境中，我們通常會逃避問責。你可能有個隔間的夥伴時刻盯著你、或是有人力資源部的蓋世太保、經理這些中間管理職在你的脖子上呼吸。

遠端工作時，我們更容易逃離問責。這就是為什麼你必須不遺餘力地在你的在家工作體系中，建構一套問責制。是的，我鄭重告訴你，必須要尋求合作夥伴、隊友、教練和導師等形式的問責制，以保持任務持續進行。

就我個人而言，我以三種方式尋求問責：我自己，我的團隊，以及一位教練或導師。

首先，我安排和管理好自己的時間和工作，在最後期限前完成，對自己負責。其次，我對我的團隊和同事負責，讓他們知道我什麼時候在工作，並能在專案上幫助他們。最後，我與教練和導師合作，對某些領域的長期發展負責。

我試著為生活中的任何領域配備一名指導者，以提高我的能力。無論是私人教練或營養師、個人財務專家、還是其他類型的專家。與其他領域中更專業的人士合作，可以帶來優勢，並縮短從基礎到達成目標的時間。

進階建議

請一位在類似領域工作的朋友，或曾經在類似領域工作的同事，對自己進行指導或輔導。這可以是非正式的、無報酬的關係。每個月分享一、兩次建議，並獲得嶄新觀點，是培養責任感的好方法。

技巧79 錢、錢、錢

錢：有錢總比沒錢好。

錢在幸福和成功中扮演著怎樣的角色和重要性？

當我還是個孩子，我有時會在放學後和祖父一起度過下午。有一天，他問我長大後想做什麼。我想了幾秒鐘，然後自豪地宣稱：「我想賺大錢！」

「那不是工作」，他笑著說：「讓我給你一些建議，凱文。」

「找到你肯定喜歡做的事，然後找一個瘋狂到願意付錢給你做這些事的人。如果你這麼做，你這輩子就不用再工作。」

當然，生活要比這種美好、樂觀的前景複雜得多。不過，這個建議改變了我看待生活和職業的方式。我做過極度厭惡的工作，也做過許多喜歡的工作。我也曾僅夠餬口，也曾身家百萬。但我可以告訴你，我更喜歡熱愛工作且不用煩惱工資的時期。

我還發現，兩者之間是有關聯的。當我年輕時，我追逐的是美元符號。我接受工作，選擇職業道路，主要是基於最好的報酬。我一直在計畫和交易，認為更多的錢就等於幸福。而當我開始聽從祖父的建議，開始追求所愛的事物時，幸福才真正出現。

把我的建議聽進去：**開始做喜歡的事情，磨練你的技能，並完善你的技巧**。我想你會發現，你會得到所追求的金錢和生活方式的回報。專注於喜歡的事，其他的便會水到渠成。

技巧80 為什麼與「愛」有關係？

當你把心思放在工作上時，你就會更容易愛上工作。你愛你的工作嗎？

如果你沒有立即回答：是的！我愛我的工作！那麼我想在你的心中埋下一顆種子：現在，是開始改變的時候了。

根據蓋茨堡大學（Gettysburg University）的資料，美國勞工一生中平均花費九萬個小時工作。這幾乎超過成年後做所有事的時間總和（除了睡覺以外）。這段漫長的時間，不要花費在不喜歡的事上。

我不是要你今天辭掉工作，我是要你重新擁有夢想。

當你還是孩子，你想做什麼？當你閒暇時，你夢想做什麼？什麼會讓你興奮地在早上起床，特別是在星期一的早上？

當你讀到這些話的時候，各種大腦垃圾可能正在悄然出現……

「現在重新開始已經太晚了。我已經入行太久了。」

「如果我現在轉換跑道，就賺不了那麼多錢，而且還有人要依靠我生活。」

「我上學讀書就是為了這個。這是我唯一會做的事情。」

這些都是藉口，而不是真正的障礙。它們可能是理由，但不是對幸福的合理權衡。

制定計畫，從承認你不愛自己的工作開始，你應該對生命中佔比最高的部分有熱情。集思廣益，寫在你的日記裡，與信任的朋友和同事交談、與你的配偶或伴侶交談。如果你知道自己對現在的工作不滿意，但不知道下一步該往哪裡走，可以使用線上工作技能測驗，幫助鎖定潛在的職業和工作。

你可能會因為換工作或職業而面臨暫時的挫折或工資下降，但我向你保證，這是值得的。找到喜歡做的事情，在意識到之前就會得到回報——不僅僅是金錢，而是成就感、快樂和生活品質。

還記得我的祖父告訴我什麼嗎？我現在要告訴你。找到你喜歡做的事情，並找到足夠瘋狂的人付錢讓你去做。

技巧81 「好員工」，還是「壞員工」？

你是個好員工還是壞員工，這代表著什麼？

我在十六歲時發現自己是糟糕的雇員。當時我找到第一份工作：在當地的藥局做收銀員。我很喜歡這份工作，尤其喜歡我的同事。然而，我很快意識到，我是個可怕的雇員。不是因為休息時間太長或沒準時上班，而是因為我對事情的思考方式與一般人不同。和我一起工作的其他年輕人，大多數人每次拿到工資後都很興奮。

「我上個月賺了三百美元，幾乎夠買新的汽車音響了！」

雖然我很高興能賺到一些錢，但我對事情的看法不同。我會把薪水分成幾份，並評估自己在工作期間內能為商店帶來多少收入。然後，我會試圖確定這些銷售總額的利潤是多少，當我的數學練習結束時，我會很生氣。因為公司像強盜一樣賺走所有錢，付給我的卻是九牛一毛！當然，我現在已經學會如何應對這些問題。

當然，從那時起，我已經學到很多關於企業如何運作的知識，我不認為公司像我當時想像的那樣在佔我便宜。然而，我學到的教訓是個重要的課題。我是個壞員工，我很難成為企業家、企業主。但這並不代表我沒有做好擔任的各種職位。直到幾年前我自己出擊，這反映出我的想法：盯著盡頭出口，夢想著更多。

不是每個人都能成為好員工。反過來說，也不是每個人都適合做自己正在做的工作。當我最終成為企業家，某種程度上我也成為一名傳教士——試圖說服家人和朋友離開他們的工作，也開始創業。當他們告訴我我瘋了，或試著開始一些事業，但幾個月後就放棄了，我會感到很沮喪。

有一次，我把我的挫折感告訴一位企業家朋友，他笑著說：「凱文，不是每個人都適合成為企業家。如果每個人都是企業家，你就雇不到人來幫助你實現夢想了。」

這是件好事，不是每個人都是創業者。如果每個人都像我一樣，我們每個人都會一事無成。想法成千上萬，但付諸行動的並不太多。我很感謝每天幫助我的所有團隊成員。他們不僅優秀，也是最偉大的！

關鍵是，如果你發現自己是糟糕的員工，請擁抱這事實。深入挖掘自己，找出激勵你的因素。可能是你與公司不融洽，或者對工作感到疲憊。也可能是在內心深處，你渴望得到更多的東西。

你是個好員工還是壞員工？

技巧 82 你安排假期了嗎？

為什麼假期很重要，特別是當你在家工作時？

在家工作時很容易跳過假期。

每年都會發生這種情況：我不再數綿羊，而是躺在床上數未完成的工作，直到劃掉待辦事項清單上的每一個細項。當我聽到手機上的通知鈴聲時，我不再感到興奮或好奇，只覺得被強制啟動。每天早上醒來，都害怕打開收件匣，看到未回覆的郵件……我等了太久才迎來假期，已經精疲力竭了。

近來我在安排休息時間方面做得更好，但我常常為了生意而把自己的需求放在一邊。

我現在知道這樣做適得其反。延長休息時間非常重要，對我們的身心健康、情緒健康、人際關係和生產力都有直接影響。

我經常從在家工作的人那裡聽到：他們很少休假，這讓我很擔心。對企業家來說尤其如此。根據二〇一三年賽格小企業重塑研究（Sage Reinvention of Small Business Study），四三%小型企業主的休假時間比五年前少[6]。放個假吧，如果你在擁有既定休假政策的公司工作，就好好利用。**如果你為自己工作，請為自己和其他與你一起工作的人建立休假時間表。**

有時你能做的只有「宅度假」（staycation），但在理想情況下，你每年應該離開你的家幾次。人們很容易落入「認為」自己在休假的陷阱——「只是檢查電子郵件」、在家人起

6 "Sage Reinvention of Small Business Survey: Canadian Small Business Owners Report Great Satisfaction Despite a Belief That the Canadian Economy Has Not Improved," Intrado, October 21, 2013, http://www.marketwired.com/news-release/2013/10/21/1157285/0/en/Sage-Reinvention-of-Small-Business-Survey-Canadian-Small-Business-Owners-Report-Great-Satisfaction-Despite-a-Belief-That-the-Canadian-Economy-Has-Not-Improved.html.

床前投入幾小時工作，這都不是在度假——要真正放鬆頭腦，需要完全拔掉插頭。

如果你一想到下個客戶會議或電話就不寒而慄……那就表示，你已經等待真正的假期夠久了。

進階建議

除非你在一家有人力資源部門的公司工作，否則你將自行決定休假時間。在十二月底或一月初安排你想休假的日子，以備全年之需。短暫的三天週末和較長的預定休假時間的混合，將為你帶來很好的轉變。你總是可以在一年中隨著需求的變化和計畫的發展而重新調整，但儘早安排，你就更有可能真正去海灘或山區旅行。

技巧 83 寫工作日誌

記錄你在家工作的過程會是一種宣洩方式。你有沒有寫過工作日誌？為什麼不從今天開始呢？

你可能很熟悉寫日記的好處，但你有沒有想過寫工作日誌？我一生都在斷斷續續地寫日記，但我最近發現工作日誌的好處。

過程相同，不同的是內容。我發現，與其把個人生活和工作中的所有想法都放在一本日記裡，不如單獨寫一本工作日誌，讓我能夠掌握工作中發生的事、以及它們對我的影響，並進行延伸。我不是每天都這樣做，但每週有幾次，我會花幾分鐘時間，記下我在做什麼、事情進展如何、以及我面臨的任何恐懼或障礙。

你會發現，以這種方式寫日誌時，會感到解脫——幾乎就像卸下重擔。當然，寫日誌本身並不能真正改變我們生活中的事實或情況。不過，它可以改變我們自身。把一些事寫在紙上，花點時間關注和處理，可能會從身處的情況中發現新觀點，並對面臨的挑戰提出新的解決方案。

以下是我今天可能寫的工作日誌範例：

二〇二〇年十二月十六日

我已經完成這本書八〇%的重寫工作，感覺非常好！我終於感覺到，這本書的各個部分正在成形，我有種新的樂觀情緒和決心來完成它。下週應該會交給編輯！

我們與Chewy公司達成的新協議已經接近完成，只差敲定最後幾個細節。這應該是我們明年的巨大商機，可以使業務量增加五〇%。

我真的需要在下月初聘請一名助理，行政工作我太耗時，佔據我大部分的時間。我注意到我能夠在更大的項目上取得更多進展，而且是真正能推動的；但我無法做到，因為大多數日子裡，有太多電子郵件和其他干擾。設定目標：在一月底前完成助理招聘與入職。計畫下週放假，享受假期。對每個人來說，這都是很艱難的一年，我真的想放鬆一下，享受一些休息時間。

目前為止，如上。All for now.

凱文

為什麼不嘗試寫工作日誌？現在就去拿筆記本或一張紙，寫下你的第一篇日誌。

工作日誌不僅是當下的重要資源，也有助於回顧和了解所經歷的一切。回顧半年或一年來所取得的進展，以及識別重複的挑戰和陷阱，可以獲得寶貴的洞察。我的個人日記與工作日誌都以三個字母結尾，「AFN（All for Now）——目前為止，如上」以鼓勵自己繼續保持心態，並儘快寫下另一篇日誌。

技巧84 「交接信」為什麼必要？

寫一封詳細說明所有與你工作相關資訊的信，可以保護你的工作資產。你的交接信中應該包含哪些內容？

你可能在想，交接信（Continuity Letter）到底是什麼？

二十五歲時，我成為德州一家電視台集團的營運經理。據我所知，當時我是全國擔任該職位的人當中最年輕的。我不知所措，有很多東西需要學習。我犯了很多錯誤，但也曾與他人一起創造一些卓越的成就。

幾年後，我決定離開傳播業，追求其他事業。我知道在離開崗位時，情況比我承接的時候要好，但仍有許多工作要做。我提前三個月發出通知，並開始與手下的經理們合作，為過渡期做準備。希望公司老闆雇用我的副手來接替位置，但他們也從全國各地招募一些人進行面試，而且打算在我離開後幾週才宣佈雇用人選。

在我離開的幾週前，我思考並擔心業務的連續性時，一個想法閃過我的腦海。我用那天下午剩下的時間準備了一封交接信，寫給接替職務的人。

在信中，我留下關於工作如何運作、關鍵決策、責任等重要細節。在接下來幾週裡，我用其他計畫、預測等等補充這些資訊。我試著想出任何對接替我的人重要或有幫助的東西，將之寫進信中。在我離開之前，我讓人力資源經理以及我的管理團隊知道這封交接信，在新年前夕，我最後一次走出電視台大樓。

問題在這裡，「職位交接」這件事，其本身就會達成損失。有大量的知識和經驗很難被傳承，而新進員工只能一遍又一遍地重新解決問題。

思考接替你的人從第一天開始就需要的東西，不僅是幫助這個人成功，也是在協助整個組織。如果你關心工作的接續，就有責任確保在你離開工作崗位後，這份職務在之前締造的成功能持續下去，這對他們來說也是如此。

我在此後的每份工作中都有個慣例：準備好一封交接信。我時常收到電子郵件、電話和卡片，告訴我這些信件有多麼有用。

進階建議

即使不打算在短期內離開你的職務，交接信也可以作為保障，以防發生意外。不管意外的機率有多低，那些代理你的人將從你的準備中受益。

技巧85 你要留下什麼樣的遺產？

遺產是你留給世界的禮物。

你有沒有想過你將留下什麼遺產？

我從來沒有想過遺產問題，直到幾年前，我心愛的十三歲拉布拉多犬艾米——記得嗎？我創辦的寵物產品公司也是以她命名——罹患癌症。在為了讓她多活幾個月而奮鬥的同時，我們也與一個幾乎同樣可怕的敵人搏鬥——一個經由法律程序試圖搶奪我們名字的組織。突然間，我開始面對一個現實：艾米很快就會離開我們，同時，我們可能會失去公司。

正是一位報導我們困境的記者，使我第一次意識到遺產問題。她問道：「你希望艾米留下什麼遺產？」當我的眼淚湧出時，我開始思考這隻狗對我的生活以及數十萬客戶的影響。我是在德州一家藥房小貨卡後面收養艾米的，現在這家以她的名字命名的公司，也在她被收養的那家連鎖藥房銷售產品。這就是她的遺產，我想。

但是，我的遺產是什麼呢？我一無所有。

遺產是在我們離開很長一段時間後留給世界的禮物，我們被記住的方式，我們所產生的影響。你的遺產會是什麼？

我希望你開始思考自己的遺產。我們只在地球停留短暫的時間。每一分鐘，我們都更接近旅程的終點。我不想說得太悲觀，但這是事實。關注我們將留下的遺產，我認為我們更有可能對周遭的人，以及我們留下的世界產生恆久的影響。

現在，我專注於協助他人，回饋社會，並幫助我所關心的事業。我知道我還有很長的路要走，但每一天都是朝著這個目標更進一步的機會。為此，我得感謝一隻非常特別的拉布拉多犬——她叫艾米。

技巧86 拉別人一把

當我們拉拔週邊的人時，就可以讓世界變得更好。

你是否曾經被別人拉一把？你從這個人身上學到什麼？你可以如何提升他人？

回顧我的職業生涯，有許多協助我成功的人。當我在數學上掙扎時，沒有放棄我的老師；即使我看起來與大多數孩子有些不同，依然讓我擔任主角的戲劇老師；儘管我缺乏管理職位通常需要的學位證書，仍舊雇用我的網路主管……我可以在這本書的其餘部分不斷列舉。

誰給了你第二次機會？一個大多數人可能已經放棄的機會？自我提升時不忘拉別人一把，提醒自己在成長和成功的過程中不要忘記其他人。在提升的過程中，不要忘記周圍那些幫助你取得現在地位的人，並且，在你的能力範圍內，把他們帶在身邊。

或許是推薦一位前同事到你的新公司任職、或許是讚美某個對你的專案成功有幫助的人、或者指導一位正在經歷困難時期、並需要轉換跑道的朋友。當我們往人生的峰頂前進，是在提升生命價值。幫助那些幫助過自己的人，將為你贏得朋友和更多看不見的助力。

現在，你準備好拉誰一把了嗎？

技巧87 對別人好，對你更好

回饋不僅能惠及他人，也惠及自己。你曾經回饋過什麼嗎？感覺如何？

現在沒什麼事能比回饋我所關心的人和事業更讓我高興。很長時間裡，我一直在追逐美元符號、和我認為能讓我感到自己很重要的職位。我渴望掌握一切，或者說渴望控制感。我尋找那些我認為很酷或有影響力的人。然後，當我開始實現某些目標時，我意識到它們是多麼空虛和毫無意義。

你可以說，我彌補膚淺年少時期的方式是：回饋，就是現在。我捐獻時間指導他人，與那些發郵件詢問創業的陌生人交談；有能力時，捐款給我認為在這個世界上做得好的組織，或者捐給面臨難以想像的挑戰的人。我寫這本書，也是希望以一種微小的力量做到這一點。現實情況是，今天我擁有過去從未想像過的生活，雖然這並不全然因為遠端工作的能力，但遠端工作的種種優勢肯定讓這件事變得更加容易。

我希望透過閱讀我撰寫的這些內容，你的生活也能在某些方面得到改善。若真如此，我又再一次成為了我所知道的最幸運的人。

「回饋」這句話的本質是禮物，令人驚訝的是，雖然接受禮物的人可能覺得已經獲得獎品，但真正收到禮物的卻是贈與禮物的人。我不知道如何用邏輯或文法來解釋這個問題，我只能利用經驗說明。當你為一位你認為值得額外認可的服務員留下超額小費，或者為面臨生活中最艱難挑戰的人捐款……當然，他們從中得到了一些東西。但你也是。

當我開始關注目的時，我的生活發生了變化。感覺工作不再是工作，而是一種熱情。我的生意蒸蒸日上，人際關係發生變化，自己身邊的人都很喜歡與我相處。

如果把對目的的關注付諸實踐，你的生活也會改變。無論你是剛剛才要開始職業生涯，還是即將退休，目的都很重要。沒有目的，就只是一個會做事的螺絲。我認為那將是非常無趣的人生。有了目標，生活和所做的工作就有意義，而不僅僅是時間和美元符號。

今天你能做什麼使目標更具體？誰包括在這個旅程之中？下一部可能會提供你一些想法。

可能會想念辦公室的討厭鬼

“

在我意識到自己很孤獨之前，我已經在家工作三個月。我單身，雖然我有一隻狗；我有朋友，但我搬到城外湖邊的房子，所以無法經常碰面；我也有同事，但他們也是遠端工作，所以我們僅能虛擬互動。有天我開車進城，坐在一家咖啡館裡工作幾個小時，然後我突然意識到——我錯過了！我錯過人與人之間的閒聊。我懷念人類、懷念閒聊、懷念看到人們的微笑。我知道我必須做點什麼。

現實情況是，遠端工作可能無比孤獨。因此更重要的是，我們要有意識地在生活中創造社群和聯繫。人際關係至關重要，不僅僅是為了保持自己的幸福感和避免孤獨，也是使我們能夠充分實現有意義生活的承諾。

在本部分中，我們將探討一些能夠幫助你做到的方法。

準備好了嗎？讓我們開始吧！

”

技巧88 五人法則

你花最多時間相處的五個人是誰？誰在你的名單上？是時候增加一些名字了嗎？還是刪除一些？

有個簡短的經驗法則，我親身經歷它如何改變我的生活。我稱之為「五人法則」。簡單來說，「五人法則」說的是與你相處時間最長五個人，與他們和你相處時間的總和。一般來說，你可以把和你一起生活的人（配偶、孩子等等）從這規則中去掉，但如果你花費大量的時間和配偶在一起，或者和伴侶一起工作，那把他們計入五人之一是好想法。

如此一來，你還可以在名單中填入四個人。誰會成為其中一員？我在二十多歲時第一次聽說這項法則，它是個現實的檢驗。當時我將大部分時間都耗費在與攀附權貴之人相處，身邊的人並非最積極進取的朋友；其中也有一些舊相識，或經由工作認識的人。這麼說吧，當時我的五人名單並不那麼令人驚豔。他們不是壞人，也沒有什麼「問題」，但他們並不是我想成為的那種人。我可以清楚地看到事情正在如何發展，就好像我只是與他們相處，並接受他們所有不理想的特質。

接下來發生的事情令人難以置信。我刻意做了一些決定，開始花時間在不同的人身上——那些我欽佩和尊重的人，那些生活中有著吸引我特質的人。在幾個月內，我的生活開始有了很大的改變，機會出現了，門打開了，障礙不再不可逾越，我的感覺也變好了。我喜歡每天與我來往的人，喜歡我們之間的對話，也喜歡我們之間的樂趣。當我改變這張五人清單的內容，我的生活得到改善。

每隔一段時間，我仍會就這個領域檢查自己。請注意，這並不是說我有什麼正式的五人名單。但每當我注意到自己的生活中缺乏一些東西（無論是方向、目的、快樂或熱情），或者每當業務中真的開始出現問題（銷售量大減、有人辭職、壓力大、工作關係困難），我就會檢查一下。我花時間相處最多的五個人是誰？通常我會發現需要稍作調整或改變。

你花最多時間相處的五個人是誰？是時候對你的名單做一些改變了嗎？

進階建議

花時間培養你的五人名單。我總是期待名單中至少其中一人，能與我在工作、生活或兩方面都處於相似的位置。你可以稱他們為平等的同行。接下來，我喜歡名單內有一到兩個人，是我正在努力達到的目標。他們已經有過那樣的經歷，完成部分或所有的長期目標，這些人往往是比我更有經驗的人。最後，我喜歡在這個核心圈子裡至少有一個人，他現在處在我曾經的位置上，這些人往往是比我年輕的人，或者至少是比現在的我經驗少的人。最後一人之所以如此重要，是因為他能幫助我保持腳踏實地；讓我記住本心，避免成為祖母說的：「太過自大」。這點非常重要，要保持謙虛和善良。經常與那些比你年輕一些，但正在經歷你曾經經歷的過去的人交流，這是保持自我的一個好方法。

技巧 89

找到你的部落

「部落」是緊密的團體，能支援你的工作。

你的「部落」是什麼樣子？

聽說過「部落」（Tribe）這個詞嗎？我第一次在商業意義上接觸到這個詞，是在我參加萊恩．丹尼爾．莫蘭（Ryan Daniel Moran）一場關於如何在亞馬遜上銷售的課程。班上的每個人現在都在萊恩的「部落」裡。這只是個「團體」，但聽起來更耐人尋味。

不過，比起一個名字，萊恩更想讓我們所有人都知道，我們擁有自己所屬的部落，我們經歷各種風浪起伏後還是團結在一起。這很有效，我也投入其中，很快就成了這個小組中最投入的學生之一。

我迅速找到其他五個同學，也就是我真正喜歡的「部落成員」。我們開始每週舉行會議，討論課程，相互鼓勵，並一起解決問題。創業初期的成功，很大程度歸功於這個部落和我身邊的小型同齡人群體。

你曾經有部落嗎？如果沒有，我強烈建議找到一個你可以歸屬的群體，他們在與你相似的領域工作，可以是一個由保險代理人、教師、會計師或經理組成的團體。

遠端工作的生活就其本質而言相當孤獨。有一群理解你的工作、生活，並支持你的人非常重要，而這個群體由你喜歡的人組成、並讓你感受到歸屬，這種無形的力量使你變得更好，更具影響力。

進階建議

如果你沒有所屬部落，我建議你今天就開始尋找。我不希望你跳過前面，但有些東西，可能對本書後面的內容有幫助。現在，開始想一想你最喜歡的人，把他們記下來。他們的特點是什麼？為什麼喜歡和他們在一起？有個屬於自己的團體，這對未來會非常有幫助。準備好找到你的部落了嗎？

技巧90 加入團體

當你歸屬於團體時，生活就不那麼孤單了。但有什麼方法能找到可以聯繫的團體？

到現在為止我們已經確定，在家工作是非常孤獨的。讓在家工作不那麼孤單的方法之一是加入團體。幾乎所有你可能感興趣的東西都有小組，無論是否與工作相關。雖然我希望你能找到屬於自己的部落，並能與你有工作相關的社會互動，但參加一、兩個工作之外的團體也很重要。

無論你的熱情或興趣是什麼，都會有團體適合你。徒步旅行、山地自行車、鉤織、剪貼簿、狗、貓、雪貂、創意寫作，我可以繼續寫下去，我相信你也可以。

團體既存在於人際關係中，也存在於虛擬世界中。在可能的情況下，我總是更喜歡面對面的小組，**因為我們得不到足夠的人際聯繫，而人與人之間的聯繫對我們這些在家工作的人來說特別重要**。但是，當你的地理位置，或者是在當前的情況下（例如全球疫情）使你不可能親自參加聚會時，虛擬小組會是很好的選擇。

你對哪些團體感興趣？

進階建議

今天就制定一個計畫，研究一、兩個團體並在下週參加。未來的你會感謝現在的自己。

技巧 91

享受樂趣

誰說工作不能有樂趣？實際上我想說：工作最好是樂趣無窮。

工作應該是充實並有價值，為你提供機會，讓你完成渴望的生活方式。工作也應該是有趣的。我遇過太多人，他們把工作僅僅視為達到目的、獲得薪水的手段。記得我們大多數人在一生中要花多少時間「打卡上班」嗎？你要讓九萬個小時都是漫長而痛苦的嗎？

大多數人沒有足夠的運氣擁有一份本質上有趣的工作，但這並不代表我們不能採取微小改變，使工作變得有趣。

為自己設定目標，特別是對於可能會害怕或不期待的任務。當你達到或超過目標時獎勵自己，休息一下或短暫狂聽你一直想聽的新Podcast。

以共同項目或共同責任為中心，與你的同事創造良性競爭。保持輕鬆和文明——但小小的競爭可以成為適當的調劑，讓你與同事建立更緊密的聯繫。

用那些讓你興奮和快樂的物品來裝飾辦公室。也許是最喜歡的藝術家作品，甚至是自己製作的藝術品。使用激勵性的語錄或圖像來提升精神，使辦公空間成為你獨一無二的場所。請記住，這不是典型色彩單調、缺乏想像的辦公室，這是你的家庭辦公室，所以要讓它充滿活力。在工作空間和活動中尋找一些東西，使工作變得有趣，這將使你對短暫的五步或十步通勤充滿期待。

技巧 92

安排下班後的活動

在家工作的好處之一是靈活度。我們可以規畫哪些有趣的下班後活動？

當我對下班後的活動充滿期待，一整天會有更大的動力，完成更多工作，而且也不容易過度工作。

以下是我最喜歡的幾項下班後活動：

▼ 到公園散心：這是我最喜歡的活動之一。新鮮的空氣、美麗的風景和稍微運動一下，能讓生活步入正軌，是緩解一天壓力的好方法。公園的好處是，無論你是自己一個人，還是和夥伴或朋友一起，或者是遛狗，都是一個很好的選擇。

- 進行藝術創作：幾年前我開始學習繪畫，雖然我並不擅長，但我真的很喜歡。創作是舒緩心靈的方式，讓自己和周圍的世界重新連繫。你是否嘗試過藉由藝術創作放鬆自己？
- 做志工：花一小時去流浪動物收容所、為老年人送餐、或在當地的食品銀行幫忙。我向你保證，你離開的時候會覺得自己像個百萬富翁。

你下班後最喜歡做什麼事？為什麼不為今天或明天計畫一下呢？

技巧93 舉辦虛擬歡樂Party

辦一個虛擬Party，與大家一起渡過虛擬歡樂時光，是與他人聯繫的好方法。如何計畫和舉行一個虛擬歡樂Party？

舉辦虛擬歡樂時光不僅有很多樂趣，而且可以拉近你與朋友和工作同事的距離。最重要的是，不需要打掃清潔，也不需要在酒吧支付天價的飲料費用。

建立虛擬歡樂時光非常容易。方法如下：

① 決定日期和時間：創建一個Facebook活動，使集合變得容易，或為被邀請者創建電子郵件日程清單。

② 建立你想邀請的人員名單：邀請朋友或工作同事。如果是盛大的活動，可以考慮邀請好幾組朋友，讓那些你可能不認識，但都認識你的人參加。以電子郵件或社群媒體發出邀請。

③ 決定舉辦平台：我建議使用Zoom，因為它可以讓每個人都清楚地看到和聽到對方，甚至可以分享影片或播放音樂，使派對更有趣。

④ 在啟動前幾分鐘測試連線狀況，確保一切正常運作。

⑤ 研究有趣的聚會遊戲或進行比賽（最佳服裝、最有趣背景等等），確保每個人都有美好的體驗。在這裡發揮創意——想像無限可能。

⑥ 分享最喜歡的雞尾酒配方或建議參與者可能喜歡喝的葡萄酒。如果美酒不是你的菜，咖啡或茶的歡樂時光也同樣有趣。

⑦ 在歡樂時光結束後，對參與者表示感謝，並計畫再次舉辦。

在接下來的一、兩週內，嘗試舉辦虛擬的歡樂時光。我想你會發現，這是與你的朋友或同事在當地酒館碰面之外的最佳聚會。而且因為是虛擬的，所以即使住得很遠的朋友也可以參加。

進階建議

你有喜歡的啤酒、葡萄酒品牌或口味嗎？或是你有特別喜歡，可以分享的點心食譜嗎？寫下來，並在 Party 時分享給有興趣的人。

技巧94 加入共享辦公室

在家工作並不適合所有人。

你有沒有去過共享辦公室？

我有一些朋友曾經嘗試過在家工作，但就是無法成功。這不是他們的錯，只是這個模式不適合他們的工作類型、個性和喜好。這也不該是急於回到傳統辦公室的理由。

共享辦公室是傳統辦公室和在家工作兩者的中間地帶。共享辦公室有各種不同的類型，但一般來說，包括可以直接拉把椅子、插上電源就開工與完成工作的共用區域，以及可以按天或按月租用的私人辦公室。許多共享辦公室還包括休息室（有些可能很花俏，有啤酒和美食小吃）和會議區，當你需要更多空間時，可以隨時預訂。

我喜歡在家工作，但即使是我也渴望有一點共用的能量和協作。我是某個共享辦公室的成員，我喜歡每個月來幾天，有時只待幾個小時。與人相處的好處是，即使我不和他們一起工作，也能提高我的情緒。

如果你仍然不相信在家工作是對你來說最好的長期解決方案，可以規劃參觀距離你不太遠的共享辦公室。

共享辦公室也可以是為商業和個人目的進行合作和認識他人的好地方，那裡通常充滿來自不同背景和專業領域的各種專家。另一個額外優點是，大多數的共享辦公室，都提供收取郵件服務。所以你可以把「工作郵件」寄到共享辦公室，而不是寄到家。這不但安全且保有隱私，同時也更專業。

技巧95 尋找導師

導師是工作和生活的嚮導。如何找到導師？生活的哪些層面可以從指導中受益？

多年來，我快速成長和成功的訣竅之一就是導師制。簡單地說：如果你想做一件事，找位已經做過的人，向他們學習。有一些大師，如華倫・巴菲特和東尼・羅賓斯（Tony Robbins），就是用這方法建立他們的帝國。

這對我很有效，當我想進軍電子商務時，我找到一些在這個領域已經很成功的人士，並向他們學習；當我想學習房地產時，我找到一位導師；當我想寫一本書（這本書）時，是的，你猜對了，我找到導師。

導師可以是任何人。有時是朋友或同事，有時仍然從事你想做的任何職業，有時可能已經退休或轉行。導師也可以是臨時、無償的角色，或者依照他們付出的時間收取費用。當你想學習新事物時，不要（絕對不要）覺得必須從頭開始。很可能已經有些人「經歷過、做過」，為什麼不從他們身上學習呢？

導師的好處很多，但以下是最重要的兩項：

▼ 可以從他們的錯誤中學習，（希望）避免犯同樣的錯誤。

▼ 可以模仿他們的成功，使你搭上實現任何目標的特快車。

在尋找導師時，我牢牢記住幾件事：

▼ 尋找具有教導之心的人：沒有人喜歡擺著困難不去解決、消極、居高臨下的人。因此，要找能堅定但以支持的態度對待師生關係的人。

- 自問「我可以提供什麼，使他們認為指導我是值得的？」有時就是單純付費，有時是交易對他們有價值的商品或服務。確保雙方雙贏的關係。
- 尋找贏家：我無意顯得無禮，但你想找到的是在其重點領域獲得成功的導師。如果你的導師前三次創業都失敗，就不要請他教你如何開餐館。這並不是說所有的導師在他們的生活或事業中都不會失敗。他們會，而且本該如此。事實上，這些失敗代表著重要的經驗教訓，你可以在自己的旅程中採用。然而，他們需要有可以依賴的成功記錄。
- 採取行動：這是最重要的一點。如果不付諸實踐，世界上所有最好的建議都沒有用。養成聽取導師建議的習慣，參與有意義的討論，然後採取行動。

你有導師嗎？如果沒有，考慮尋找導師、並與他們聯繫。你會發現物有所值。

技巧 96 成為某個人的導師

如果你問我唯一比擁有導師更好的事情是什麼，我的回答是：成為導師。

但如何才能成為優秀的導師？

如果你認為尋找導師並向其學習，生活將得到改善——這是正確的。也許唯一比擁有導師更好的事情就是：成為導師。

你擁有的知識和經驗極其寶貴。當你公開、心甘情願地與別人分享，不求回報，你會獲得比你所想像的更多。你有沒有為別人做過好事？幫忙打開一扇門、撿起他們掉落的東西，或是看到別人在掙扎時提供協助？助人的感覺很好，不是嗎？

這種感覺乘上百倍，就是我想說的，與被你指導的人一起工作一段時間的感覺。每次你提供建議或諮詢，然後看到他們接受建議並獲得成功，這是世上最棒的感覺之一，甚至比自己職業生涯中獲得同樣的成功還要更美好。

如果你決定成為一名導師，我希望你能做到以下幾件事：

- 直言不諱地說明你能在那些方面提供協助，以及你的時間、能力的任何限制。你不會希望承擔超過本身可處理的範圍，所以最好事先確定這些期望不會超過你的負荷。
- 要有教導的心：要成為優秀的導師，你的工作不是解決問題或完成任務。而是分享經驗，提出建議，最重要的是——幫助你的學生學習。
- 堅定，但要振奮人心：學生一定會犯錯，我們也是如此。不要阻止他們跌倒，而是要以鼓勵和建議來緩和打擊。對學生保有高度期望，但要知道什麼時候該堅定，什麼時候要鼓勵。

技巧97

對未來的企業家說一句話

成為企業家是我的熱情所在。
你是企業家嗎？你想成為企業家嗎？

如果你已經是企業家，我現在就和你來個虛擬擊掌——真了不起！如果你曾經想過當自己的老闆，我想提供建議，我很樂意與你分享一些經驗。

為什麼我對創業者如此熱衷？因為他們每天都在改變世界。說真的，企業家是社會的連接器，他們用自己解決的每個問題、發明的每個創新、推廣和推動的每個想法改變世界。

我喜歡用一個例子來說明我對這個話題的感受。想像一下，有一種致命的、全球性的大流行病，幾乎蹂躪地球上的每一個國家和群體。人們被迫待在家裡，一切都靜止了。

企業家們挺身而出，為人們提供重要的資源和工具，使他們能夠在家裡工作，讓人送來食物，並輕鬆地把錢捐給需要的人；其他企業家開始製作口罩，而政府迅速確定病原體，並開始著手治療。

問題是，政府的資源是有限的，他們測試疫苗的能力有限。企業家們介入並挽救局面，他們有能力迅速行動，輕鬆地擴大或縮小規模，並將私人資金投入到這項工作中。

一種疫苗被成功研發出來，但缺乏基礎設施和專業知識來擴大發佈。企業家也介入此一過程：設計創新的包裝，並利用現有的運輸網路，迅速將疫苗運送到世界各地。

底線是——企業家填補政府和機構、非營利組織和教育機構之間的空白。企業家有時會被指責貪婪或只關注利潤。實際情況或許與事實相差無幾。但企業家們每天都上自己的生計押，為的是有機會向社會提供幫助，但不保證必定成功。

兩星期一次的穩定薪資不是企業家賴以維生的收入，他們可是一覺醒來就必須做大事的人。

由於以上和其他原因，創業並不適合每個人，這也沒關係。有許多方式能對世界產生重大影響，而創業只是其中之一。如果創業是你感興趣的事情，我確實希望你能追求它。我真的相信你可以改變世界。

“

即使是最內向的人也渴望聯繫。無論在性格天平上屬於哪一種，你的生活都是要與他人分享的。花一些時間，誠實地了解自己的需求。

想成為哪種類型社群的一部分？渴望哪種類型的人際關係？當這樣做時，哪些需求會得到滿足？我希望你能利用本節中的建議，使之成為現實。

”

你還應該做什麼？

你已經有了工具，現在是付諸實踐的時候了。
你當然可以自己去做，但我發現和別人一起做會更有趣。
為此，我有一些建議，告訴你如何能夠採取一些初步的行動。

技巧98 加入我們的「部落」

如果你喜歡本書，我邀請你加入我們的部落。你準備好找到你的族人了嗎？你找到你的部落了嗎？如果沒有，我想邀請你加入我們的部落。我們有一個很好的團體，在網上閒逛，分享故事，笑看有趣的圖片，並互相支援。

如果你能加入我們，我將感到非常榮幸。我想提醒你：我們不把自己看得太重要，我們相信要享受快樂時光。我們努力支持並歡迎所有願意加入我們的人，讓我們享受在家工作的樂趣，並利用這個神奇的機會改善我們和他人的生活。

如果你願意加入我們，請到 alwayswearpants.com 並點擊 Tribe。

技巧 99 發簡訊給我

發簡訊給我，我真的會回簡訊給你。你的手機在你手邊嗎？我發現最親密的交流形式之一是透過文字。所以，發簡訊給我。我喜歡分享有趣的事，有時也分享我正在努力的技巧或事。

所以，打開你的手機，給我發個簡訊：（972）850—2141。儘快回覆。

技巧100

與他人分享本書

分享就是關愛。傳遞本書，或者更好的是，買一本送給朋友。

很感謝你購買本書。這對我來說意義非凡，我希望你從閱讀中得到我在寫作時十分之一的樂趣。更重要的是，我希望它對你有幫助。

也許是以微小的方式，例如在你的工作區擺上一株植物，或者與你的同屋簷下的伴侶建立更健康的界限。或許是以更有影響力的方式，例如決定找到一份你喜歡的工作，或者找到一種新的熱情來追求目標。

如果這本書對你有意義，我有個最後的請求：分享它。為你認為可能從中受益的朋友或鄰居、同事或同事購買一本。

如果你管理一個遠端工作的團隊，考慮為你團隊的每個成員都買一本。如果你不能多買一本，就分享你手上這本。我一點也不在乎本書的版稅，我希望你分享的是本書的資訊。現在，到處都有人們需要聽到在家工作的樂趣和隱患。他們需要聽到我們所聞、所學的技巧。他們需要一個部落。

如果你選擇協助我傳播本書資訊，我也會非常感謝你。

PECUNIA 13

在家工作WFH必備的100個技巧

——首先，記得穿上褲子。然後把進度趕上、搞定社交、管理進度，
建構高績效的居家工作模式

Always Wear Pants

作　　者／凱文・瑞澤 Kevin Rizer
譯　　者／費克森
封面設計／陳姿妤
內頁設計／林采瑤

社　　長／陳純純
總 編 輯／鄭　潔
主　　編／張維君
特約編輯／黃慈筑
整合行銷經理／陳彥吟
業務負責人／何思頓 ✉ tigerho@elitebook.tw
　　　　　　何慶輝 ✉ pollyho@elitebook.tw

出版發行／好優文化
電　　話／02-8914-6405
傳　　真／02-2910-7127
劃撥帳號／50197591
劃撥戶名／好優文化出版有限公司
E-Mail ✉／good@elitebook.tw
出色文化臉書／www.facebook.com/goodpublish
地　　址／台灣新北市新店區寶興路 45 巷 6 弄 5 號 6 樓
法律顧問／六合法律事務所 李佩昌律師

印　　製／鴻友印前數位整合股份有限公司
書　　號／Pecunia 13
ISBN　／978-626-96394-9-6
初版一刷／2022 年 11 月
定　　價／新台幣 420 元

在家工作WFH必備的100個技巧/凱文.瑞澤作. --
初版. -- 新北市 : 好優文化, 2022.11
　面；　公分

譯自 : Always wear pants
ISBN 978-626-96394-9-6(平裝)
1.CST: 生活指導 2.CST: 職場成功法
177.2　　111015606

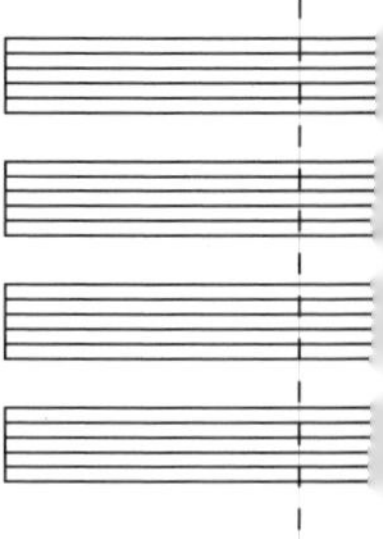

廣　告　回　信
板橋郵局登記證
板橋廣字第891號

免　貼　郵　票

23145

新北市新店區寶興路45巷6弄5號6樓

好優文化出版有限公司

讀者服務部　收

請沿線對折寄回，謝謝。

請以膠帶封口

Great 好優文化

讀者基本資料

在家工作WFH必備的100個技巧

姓名：________________ □女 □男 年齡________________

地址：____

電話：O:____________H:____________手機:________________

E-MAIL：____

學歷 □國中(含以下) □高中職 □大專 □研究所以上

職業 □生產/製造 □金融/商業 □傳播/廣告 □軍警/公務員 □教育/文化
□旅遊/運輸 □醫療/保健 □仲介/服務 □學生 □自由/家管 □其他

◆ 您從何處知道此書？

□書店 □書訊 □書評 □報紙 □廣播 □電視 □網路 □廣告DM
□親友介紹 □其他

◆ 您以何種方式購買本書？

□實體書店，________________書店 □網路書店，________________書店
□其他 ______________

◆ 您的閱讀習慣(可複選)

□商業 □兩性 □親子 □文學 □心靈養生 □社會科學 □自然科學
□語言學習 □歷史 □傳記 □宗教哲學 □百科 □藝術 □休閒生活
□電腦資訊 □偶像藝人 □小說 □其他

◆ 您購買本書的原因(可複選)

□內容吸引人 □主題特別 □促銷活動 □作者名氣 □親友介紹
□書名 □封面設計 □整體包裝 □贈品
□網路介紹，網站名稱________________________ □其他____________________

◆ 您對本書的評價(1.非常滿意 2.滿意 3.尚可 4.待改進)

書名_____ 封面設計_____ 版面編排_____ 印刷_____ 內容_____
整體評價_____

◆ 給予我們的建議：____

※凡填妥讀者基本資料並郵寄或傳真回出版社，就有機會獲得精美小禮物※
請投遞郵筒寄回或傳真至：02-2910-7127，謝謝您的支持！

Pecunia non olet